AF455766

LE

COLLÈGE CHAPTAL

SON ORIGINE
CARACTÈRE DE SON ENSEIGNEMENT
SON ORGANISATION GÉNÉRALE
SES RÉSULTATS

PARIS
TYPOGRAPHIE A. HENNUYER
RUE DARCET, 7

1889

Il nous a semblé intéressant, à l'occasion de l'Exposition universelle, de donner sur le Collège Chaptal, sur son origine et les différentes phases de son existence, sur le caractère de son enseignement et ses résultats, des renseignements précis et aussi complets que possible. Ils pourront servir à mieux faire apprécier encore, s'il est possible, la grandeur et l'importance des services rendus à l'instruction publique par la ville de Paris.

LE COLLÈGE CHAPTAL

I

Caractère particulier du Collège Chaptal.

Sans doute dans l'organisation si nettement établie, si exclusive même de notre enseignement universitaire, le caractère très particulier du Collège Chaptal a lieu de surprendre. Par ses programmes il ne relève entièrement ni de l'enseignement primaire ni de l'enseignement secondaire ; il tient pourtant à l'un et à l'autre.

Mais, d'une part, il convient d'ajouter que la création du Collège Chaptal, ancienne École François Ier, datant de 1844, précède de beaucoup et l'organisation générale de l'enseignement primaire supérieur établi seulement à vrai dire en ces dernières années (en dépit de la loi du 28 juin 1833 et de la fondation isolée de l'École Turgot) et celle de l'enseignement secondaire spécial : peut-être même, n'a-t-il pas été sans exercer sur chacun d'eux, comme aussi sur les classes scientifiques des lycées, une certaine influence. D'autre part, on peut affirmer de lui ce que dit si bien M. Gréard de l'École Turgot, c'est qu'il a eu

« la fortune rare entre toutes, de rester fidèle aux principes de son origine », se développant « naturellement et harmonieusement, comme un corps bien constitué ».

Cette heureuse fortune, il la doit à deux causes : 1° au maintien du caractère primitif de l'œuvre sous ses différents directeurs, mus par la même pensée, tendant au même but, si bien qu'il semble qu'il y ait eu toujours, pendant ces quarante-cinq ans, unité de direction ; 2° au type original ou pour mieux dire à l'isolement de cette œuvre, isolement qui, en facilitant l'exécution de réformes heureuses, trop souvent empêchées partout ailleurs en France par la multiplicité des établissements de même ordre qu'elles pourraient atteindre, lui a permis d'être bien souvent une sorte d'avant-garde de l'enseignement universitaire.

II

Son origine.

Il est certain d'abord que la fondation du Collège n'a eu qu'un rapport fort indirect avec la loi de 1833, dont les articles déterminaient, avec la création d'une école primaire supérieure dans toute commune de plus de 6 000 âmes, même les matières de cet enseignement.

L'idée première en est due plutôt à Prosper Goubaux, directeur de l'institution Saint-Victor. Frappé du désaccord entre l'enseignement de l'État et l'esprit de la société moderne (Legouvé), il s'adressa à la ville de Paris pour la fondation d'un *Collège français*, offrant aux jeunes gens qui se destinent au commerce et à l'industrie, avec des études plus spéciales, mieux appropriées que celles des lycées à leur future carrière, une éducation « aussi propre à élever les cœurs et les esprits ». C'est ainsi que l'institution Saint-Victor est devenue, en 1844, l'École municipale François Ier, et, un peu plus tard, plus justement peut-être, le Collège Chaptal, ayant son caractère spécial, ses programmes personnels en quelque sorte, et cela, d'autant plus aisément que, d'après la loi très sage de 1833, l'enseignement primaire supérieur pouvait, « selon les besoins et les ressources de la localité, recevoir les développements qui seraient jugés convenables ».

III

But de l'œuvre.

Aussi bien les administrateurs du Collège ont pris soin, à tout instant de son existence en quelque sorte, d'indiquer le but de l'œuvre créée.

Dès le début, en 1846, ce but est marqué avec une netteté singulière par l'un d'eux, M. Périer, conseiller municipal de Paris, président du Comité central d'instruction primaire. M. Périer va même jusqu'à accuser avec une absolue précision la distinction qui, aux yeux de la municipalité parisienne comme à ceux des fondateurs, devait exister entre la première école supérieure parisienne de la rue Neuve-Saint-Laurent (École Turgot) et le futur Collège de la ville de Paris : « Les succès de l'École François Ier, dit-il, sont une preuve que le Conseil municipal ne s'est pas trompé en sollicitant avec instance de l'autorité supérieure la permission de fonder le haut enseignement intermédiaire que vous êtes appelés à recevoir dans l'École François Ier... Avant 1839 il n'existait en France que deux espèces d'enseignements publics reconnus par l'Université : l'enseignement primaire, donné dans les écoles communales, créées par les villes; et l'enseignement secondaire, dans les collèges royaux et communaux, dont l'objet principal est l'étude des langues latine et grecque. Préoccupés du besoin de créer à Paris des écoles publiques d'enseignement intermédiaire de divers degrés, le Conseil municipal et M. le Préfet ont obtenu en 1839 l'autorisation de fonder rue Neuve-Saint-Laurent une première école supérieure, dont les cours, suivis par 300 externes, devaient durer trois ans et avaient pour but de former de bons ouvriers, de bons conducteurs de travaux, de bons chefs d'atelier... Cependant, ce premier degré d'enseignement supérieur, dont nous aurons à doter tôt ou tard divers arrondissements de Paris, n'atteignait point encore le but... Il fallait à la ville de Paris un enseignement plus élevé encore et qui convînt aux jeunes gens que leurs familles destineraient à devenir des commerçants, des industriels, des fabricants et des manufacturiers. C'est pour satisfaire à ce besoin qu'a été fondée, il y a deux ans, l'École François Ier. » Plus loin encore, M. Périer, précisant sa pensée, ajoute : « Le commerce, l'industrie, auxquels on vous destine, exigent beaucoup plus d'instruction qu'on ne le pense communément : aux prises avec une concurrence déjà considérable aujourd'hui et qui s'accroîtra encore, on ne peut espérer de réussir qu'en joignant à une probité sévère un travail opiniâtre et des connaissances acquises que l'expérience vient éclairer... La France prononce toujours avec respect et reconnaissance les noms des Oberkampf, des Richard Lenoir, des Jean-Baptiste Say, des Davilliers et des Ternaux. Ces grands industriels, ces grands citoyens ont puissamment contribué à éclairer et enrichir leur pays par leurs découvertes et leurs travaux. Apprenez à honorer leur mémoire, pénétrez-vous des principes qui les ont guidés, et vous pourrez à votre tour devenir de bons négociants, d'habiles manufacturiers, de grands industriels, et, comme vos prédécesseurs, vous pourrez à votre tour éclairer et enrichir votre pays. »

Peut-être y aurait-il lieu d'adresser à ces paroles une légère critique : le nom d'enseignement intermédiaire appliqué à l'enseignement de l'École François Ier n'était pas fort heureux, marquant, il est vrai, sa supériorité sur l'enseignement primaire, mais aussi une véritable infériorité à l'égard de l'enseignement secondaire. Or, il s'agissait évidemment bien plutôt d'un enseignement parallèle à ce dernier, et c'est là le sens des paroles prononcées en 1848 par le représentant du peuple, préfet de la Seine, M. Trouvé-Chauvel : « Qu'il me soit permis, disait-il, de rendre hommage à la pensée qui créa et fit prospérer le Collège Chaptal. Assez et trop longtemps, l'instruction, enchaînée dans des formules invariables, jeta tous les esprits dans un moule uniforme. Tel fut longtemps le vice de l'éducation universitaire. Toute l'instruction était faite pour les professions dites libérales; rien n'était fait pour les professions de l'ordre positif, rien pour l'administration, rien pour l'agriculture, rien pour l'industrie... Pour vous, plus heureux, vous avez rencontré un directeur qui a l'intelligence de sa mission; sous le patronage de l'édilité parisienne, il a préparé un enseignement nouveau, complet dans sa spécialité, fort dans son ensemble et apportant à la société des ressources nouvelles parce qu'il répond à de nouveaux besoins. Ce n'est pas cependant une lutte avec l'Université ; c'en est plutôt le complément... Voilà par quelles voies l'on peut assurer le progrès en conservant toutes les richesses du passé et en développant toutes les fécondités de l'avenir. »

C'est donc, suivant l'expression même de M. Goubaux, un Collège français qui avait été fondé à côté du Collège en quelque sorte classique, le collège gréco-latin.

L'un d'ailleurs n'avait-il pas, ne devait-il pas toujours avoir les mêmes conditions de prix que l'autre, pour l'externat comme pour l'internat; et cette égalité de traitement ne suffirait-elle pas à prouver, qu'on me permette le mot, le parallélisme des deux enseignements?

IV

Caractère général des programmes. Principes d'après lesquels ils ont été établis.

Mais aussi, à ce Collège, destiné à produire non pas seulement « des commis, des teneurs de livres, des contremaîtres, des chefs d'atelier », mais « des commerçants, des industriels, des fabricants et des manufacturiers », l'instruction professionnelle ne devait pas suffire seule; une instruction générale, solide, était indispensable, soit en raison du milieu social dans lequel, par leurs familles, par leurs futures professions, ces élèves étaient appelés à vivre, soit en vue même et dans l'intérêt des affaires qu'ils semblaient devoir diriger un jour.

Aussi n'est-on pas surpris de retrouver cette idée fortement exprimée dans une allocution adressée en 1852 aux élèves du Collège par le Préfet de la Seine, M. Haussmann : « L'enseignement professionnel cache un écueil qu'il faut vous signaler avec soin. L'éducation ne saurait avoir pour objet unique de préparer la jeunesse à des professions spéciales. C'est avant tout l'apprentissage de la vie. Malheur à celui d'entre vous qui, parmi les enseignements qu'on lui prodigue, recueillerait exclusivement ceux qui sont en rapport direct avec la carrière de son choix et mépriserait les autres, qui songerait à être un fabricant habile, un négociant heureux, mais qui négligerait de devenir avant tout un homme. Il demeurerait avec une intelligence incomplète et bornée, une raison privée de guide et des penchants sans frein ; il manquerait d'ailleurs, selon toute apparence, le but qu'il se serait proposé. — Dans aucune carrière, la réussite ne dépend absolument de la somme des connaissances techniques, de la précision des formules qu'on y apporte. Dans l'industrie, dans le commerce, aussi bien qu'ailleurs, elle tient essentiellement à l'élévation et à la justesse des idées, à la fermeté et à la droiture du caractère. Une raison saine, une culture générale de l'esprit, la pratique facile du devoir, l'ardeur patiente au travail, font plus encore pour la fortune que le savoir spécial le plus complet. »

Plus tard encore, MM. Eugène Lamy et Dillais donnaient à la même pensée une forme plus précise.

Le premier, en 1857, parlant du fondateur du Collège Chaptal, disait : « Dans sa longue expérience des études exclusivement littéraires, M. Goubaux y avait aperçu une lacune considérable : il avait reconnu que, ne tenant pas assez compte des aptitudes et des vocations, elles laissaient bon nombre d'élèves embarrassés d'un bagage précieux assurément, mais trop souvent superflu, à l'entrée de quelques-unes des voies de la vie pratique telle que l'a faite l'état de notre civilisation. Il pensa qu'au lieu de faire succéder tardivement l'instruction professionnelle à l'éducation littéraire, il serait préférable d'associer ces deux éléments jusqu'alors regardés comme inconciliables et de rendre la science plus aimable par le commerce des lettres tout en donnant aux lettres la base plus solide d'un enseignement scientifique... Proclamons-le donc, M. Goubaux a, le premier, conçu et réalisé entre les lettres et les sciences cette heureuse alliance, cette harmonie qui vous permet, en même temps que vous êtes appelés à étendre le domaine des arts, du commerce et de l'industrie, de faire parler à la science un langage plus clair et plus correct... Conservez soigneusement ce sage équilibre ; moins vous aurez d'instants dans l'avenir à consacrer aux lettres, plus il est nécessaire de leur faire aujourd'hui une large part. L'éducation des lettres restera toujours, quoi qu'on fasse, l'éducation intellectuelle et morale par excellence. En étudiant la physique et la chimie, on devient physicien et chimiste, ce qui est beaucoup, mais ce qui n'est pas tout. En étudiant les lettres, on apprend à apprendre; on apprend à penser et à sentir. »

De même, en 1868, M. Dillais qui méconnaissait tout d'abord le caractère du Collège Chaptal faisait en ces termes l'aveu de son erreur : « Je croyais que Chaptal, habile à préparer au commerce et à l'industrie, ne portait pas plus loin son ambition ; je me trompais. C'était d'une vue plus haute que l'administration avait tracé pour vous le plan de l'enseignement, et qu'une direction infatigable, passionnée pour le progrès et que j'appellerai toute moderne, pourvoyait à son exécution. Le programme de vos études ménage une large place à l'histoire, à la littérature, à la philosophie, aux sciences morales enfin, dont l'étude exerce une grande influence sur votre avenir. La science ne suffit pas à tout.... elle n'est qu'une routine pour ceux qui n'apportent pas dans ses vastes recherches l'imagination qui féconde, la raison qui dirige et élève, pour quiconque n'apprend pas à développer ses facultés à l'école des grands maîtres de l'esprit français. Ce n'est pas seulement la science, c'est l'inspiration des idées générales, semées dans l'œuvre des grands écrivains et des philosophes, qui, sur le seuil de la vie, trace au jeune homme cette ligne de conduite, etc. »

Enfin, le directeur lui-même, étudiant avec le plus grand soin la question, la résumait en ces termes : « Le but de toute éducation (dans ce Collège), de quelque nom qu'on veuille l'appeler, professionnelle ou classique, n'est pas de cultiver exclusivement certaines aptitudes en vue d'un but restreint, mais de rendre l'esprit plus élevé, le sens plus droit, la mémoire plus heureuse, le goût plus pur, l'âme plus délicate ; et cette culture de ce qu'il y a en nous de plus fortifiant pour l'intelligence, de plus énergique pour l'action, de plus universellement praticable dans la conduite de la vie, est seule capable de faire des hommes distingués, des hommes qui soient à la hauteur de toutes les situations de la vie et de toutes ses légitimes ambitions. »

Cette idée qui fait du Collège Chaptal un véritable *Collège français*, nous la retrouvons à toutes les époques de son existence, aujourd'hui comme autrefois, sous la République comme sous la Monarchie et sous l'Empire.

En 1874, M. Monjean, plus attaché que personne aux traditions, ne disait-il pas : « Dédaigner les vaines apparences et les formules creuses, se rapprocher de la réalité des choses et de la stricte vérité, tel est le but que nous ne devons jamais perdre de vue... Mais en imprimant à vos travaux une direction plus pratique, plus précise et pour ainsi dire plus mathématique, gardez-vous de vous heurter à l'excès contraire et restez toujours fidèles aux nobles traditions de notre pays et à son génie original. La chimère, nous le savons à nos dépens, a ses aveuglements funestes et ses douloureux lendemains, mais l'inflexibilité du chiffre et la brutalité du fait ont aussi leurs écueils cachés. C'est le sentiment moral qui constitue la valeur réelle de l'homme ; ce sont, en définitive, les idées qui gouvernent le monde... »

Aussi bien, deux ans plus tard, en 1876, M. le conseiller municipal Prétet se montrait plus explicite encore à ce point de vue que les administrateurs de la monarchie et de l'empire : « Permettez-moi de vous dire ce qui m'attache au Collège Chaptal, que je regarde comme une des gloires de notre chère capitale : c'est que, fidèle à son programme, il satisfait d'une part aux besoins du commerce et de l'industrie, et que, d'autre part, attirant à lui par ses fortes études les familles opulentes qui préfèrent une éducation sérieuse et scientifique à l'éducation plus brillante des lycées, il concourt puissamment à l'accroissement des richesses matérielles et intellectuelles du pays. » Puis, adressant aux élèves les plus vives félicitations pour leurs progrès incontestables dans l'ordre scientifique, l'orateur affirme justement qu'il faut dispenser aussi libéralement l'enseignement littéraire : « Chaptal, dit-il alors, *n'est pas une simple école primaire supérieure*, une pépinière d'employés et de contre-maîtres, ce n'est pas non plus un lycée...; mais personne n'oserait nier qu'ici, à l'exception des études purement classiques, dont le grec et le latin sont l'élément principal et qui sont le privilège des lycées; les familles doivent trouver tout ce qui constitue une instruction large, solide et propre à former des chefs de maison et des citoyens éclairés et propres aux fonctions politiques. En conséquence, il importe de vous familiariser avec nos grands écrivains par le commerce desquels l'esprit s'élève, la conscience s'éclaire et la morale se purifie et établit son empire dans les cœurs. Cette étude est la source des idées générales et des sentiments généreux sans lesquels toute société végète et court risque ou de se corrompre dans les plaisirs vulgaires ou de s'endormir dans le culte malsain des seuls intérêts matériels... »

Ce n'est donc pas sans raison que M. Léon Say disait à nos élèves en 1872 : « Si vous parcourez le programme des études élevées auxquelles vous vous consacrez dans ce Collège, vous reconnaîtrez que, malgré votre nombre, vous n'êtes plus dans la moyenne, vous êtes en dehors et au-dessus d'elle ; vous n'êtes plus le régiment, vous êtes l'état-major. »

Et de même, en 1879, M. Songeon, donnant quelques conseils aux élèves sur leur conduite dans la

vie : « Vous êtes l'élite de la société française ; vous entrez dans la vie pour former des chefs d'industrie ; vous aurez sous vos ordres des ouvriers, des jeunes frères de l'école primaire qui n'auront pas eu, comme vous, le bénéfice de l'instruction qui leur aurait permis d'arriver à une situation meilleure, etc. »

Ainsi, les programmes du Collège Chaptal ont toujours dû, ils doivent encore former, comme l'a dit en 1851 le Président du conseil d'administration : « un ensemble complet d'études où l'on reçoit une instruction aussi solide qu'étendue, à l'aide de laquelle, les élèves peuvent, à leur sortie du Collège, se produire avec avantage dans toutes les branches du commerce et de l'industrie, ou se présenter à toutes les Écoles du gouvernement, même à l'École polytechnique ».

Ce dernier point même ne peut faire aucun doute, à en juger par les paroles si précieuses du directeur du Collège, M. Goubaux, en 1855 : « Dans un enseignement nouveau, il est un point fort important pour les familles et qui tient longtemps en éveil toute la sollicitude des maîtres : quelle est la limite supérieure où les études doivent être portées ? Quel est le point extrême où doit s'arrêter l'ambition des instituteurs, que doit atteindre l'ardeur bien dirigée des élèves ? Dès la première année, l'admission de plusieurs de vos camarades dans les écoles publiques (Ecole polytechnique, etc.) et surtout l'excellent rang qu'ils y ont tenu nous avaient indiqué jusqu'où on pourrait aller. »

En résumé, instruction suffisamment pratique

destinée à former des hommes préparés par des études spéciales à la vie des affaires, instruction suffisamment étendue aussi au double point de vue littéraire et scientifique, faite pour ceux qui, dans l'exercice de leur profession, pourraient avoir à se servir de leurs études, « sous peine de se débattre dans des traditions routinières où l'on ne peut persister sans chance de ruine, malgré le travail le plus assidu et l'ordre le plus sévère »: tels sont en quelque sorte les principes généraux sur lesquels on a cru justement devoir établir les programmes du Collège Chaptal.

V

Le Collège Chaptal, école réale du premier degré.

Qu'il me soit, d'ailleurs, permis de reproduire du beau livre de M. Gréard sur l'*Instruction* et l'*Éducation* quelques lignes qui éclairciront encore la question.

« Le Collège Chaptal, dit-il, n'a pas de similaires en France. Pour trouver des institutions analogues, il faut passer en Allemagne. C'est une Realschule ou École réale.

« Les écoles réales sont assez difficiles à définir. Le caractère en varie avec les pays. Elles ne sont pas les mêmes en Allemagne qu'en Autriche, en Bavière qu'en Saxe. La Realschule, dans le plan conçu par Francke et Hocker, au commencement du dix-neuvième siècle était une sorte d'école technique : l'enseignement avait pour base presque unique l'étude des sciences physiques et naturelles, les livres étaient remplacés par des collections, la classe aboutissait à l'atelier. Avec Spilleke, vers 1820, l'idée se modifia, s'agrandit, s'éleva. On avait compris que la Realschule, maintenue dans les limites d'un apprentissage professionnel, n'assurait pas à la classe moyenne l'éducation dont elle avait besoin ; qu'à côté de cet enseignement pratique qui convient à des écoles d'arts et métiers, il y avait place pour un enseignement général. C'est en ce sens que peu à peu la Realschule se transforma.

« *Le Gymnase* et *la Realschule*, dit une circulaire

interprétative du décret du 17 mars 1829 (en Russie) sont deux écoles de même *rang*. « Le progrès des « sciences et les changements survenus dans la société « ont rendu cette division nécessaire. Tandis que le « Gymnase atteint son but par l'étude des langues et « surtout par l'étude des langues classiques de l'anti- « quité, et secondairement par les mathématiques, « la Realschule se tourne plutôt vers le présent, « c'est-à-dire vers la langue maternelle et les langues « étrangères, auxquelles elle joint les sciences mathé- « matiques, naturelles et physiques, mais, comme le « présent ne peut être compris sans la connaissance « du passé, la Realschule ne pourra négliger l'étude « de l'histoire. En réalisant ce programme, elle dis- « sipera l'erreur de ceux qui pensent qu'il suffit à « son rôle de transmettre les connaissances d'un em- « ploi immédiat dans la vie. Sans doute, l'école doit « avoir égard aux exigences de la vie, et l'institution « des Realschulen est là pour prouver qu'effectivement « on y a égard ; mais il ne faut pas oublier que l'école « a affaire à des enfants, à des jeunes gens chez qui « il faut poser un premier fonds de connaissances gé- « nérales et durables. »

« Si bien déterminées que soient les lignes générales de ce programme, on voit qu'il laisse une grande latitude. Les langues anciennes, par exemple, n'en sont pas absolument exclues... En Prusse, du moins, nous voyons que les Realschulen comportent deux degrés, et que le titre de Realschule de premier degré n'est accordé qu'aux établissements où le latin est enseigné. Les principes de la Realschule de premier ordre sont ceux sur lesquels repose la constitution du Collège Chaptal. »

Dans une note, M. Gréard nous fait, en outre, remarquer que les écoles réales du premier degré, d'après la loi saxonne du 22 août 1876, ont pour objet de mettre la jeunesse masculine à même d'acquérir une instruction générale supérieure ; mais elles sont consacrées depréférence à l'enseignement des langues modernes, des mathémathiques et des sciences naturelles.

Peut-être même y a-t-il là, y a-t-il par conséquent dans le Collège Chaptal, nous pouvons le dire en passant, la solution de cette question du Collège français, vainement cherchée probablement encore avec l'enseignement spécial en ces dernières années.

VI

Améliorations successives dans les programmes; leur influence au dehors.

Est-ce à dire que Chaptal soit une imitation directe des écoles réales d'Allemagne? En aucune façon, Chaptal a son originalité propre; son caractère bien personnel.

S'il y a quelque analogie, elle est toute fortuite. Les mêmes causes ont produit en deçà et au delà du Rhin les mêmes effets, plus grands malheureusement, plus nombreux du moins en Allemagne qu'en France.

Les programmes du Collège Chaptal, du reste, n'ont pas été immédiatement établis dans tous leurs détails. On en peut suivre; presque d'année en année, l'amélioration progressive et en quelque sorte le développement *naturel et harmonieux* pour reprendre l'expression de M. Gréard. C'est ce développement, propre à *tout corps bien organisé* dont je vous demande la permission d'indiquer les différentes phases.

Il nous sera facile de reconnaître d'une part que le Collège Chaptal ne s'est, à aucune époque, écarté de sa destination première, de l'autre qu'en suivant la route si bien tracée à l'avance par son fondateur, il a donné à maintes reprises le signal de réformes adoptées depuis lors par l'Université, soit dans son enseignement primaire, soit même dans son enseignement secondaire.

Deux membres du Conseil municipal ont du reste compris à merveille cette situation exceptionnelle du Collège Chaptal. « ...J'ai lu et relu l'histoire du Collège Chaptal, disait M. Villard en 1886 ; chaque page en est marquée par un progrès accompli dans l'instruction et l'éducation de la jeunesse. » Aucun établissement, en effet, n'a eu peut-être au même degré, suivant l'expression de M. le conseiller Longuet, « ce noble souci de se réformer soi-même, de s'élever toujours plus haut et de gagner les sommets lumineux de la science et de la sagesse... » (1887.) Aucun, en conséquence, n'a eu peut-être à prendre sur beaucoup de questions une aussi heureuse initiative qui a permis à d'autres d'y trouver souvent de vrais modèles. « L'arbre planté par un homme de conception hardie et de nature géniale, disait M. Longuet, n'est pas seulement couvert de sa propre et luxuriante floraison. Il a poussé de nombreux rejetons déjà vigoureux, assurés de leur avenir, mais qui ne lui portent pas ombrage. »

1° *Revision à différentes époques.* — A l'examiner d'abord dans ses grandes lignes, il semble qu'on puisse noter dans l'histoire générale du programme d'études du Collège quatre dates principales : ce sont les années 1844 (date de la fondation du Collège) ; 1853 (revision des programmes) ; 1860 (études commerciales supérieures) ; 1874 (nouvelle revision des programmes).

De 1844 à 1853, nous assistons, en quelque sorte, à la période de fondation et d'organisation. Dès le début, le Collège devait comprendre, comme aujourd'hui, avec une classe élémentaire et une classe préparatoire, six années d'études, mais c'est seulement en 1846 que nous trouvons la cinquième année, en 1848 même la sixième, et encore, les élèves y sont en si petit nombre qu'on n'ose alors décerner qu'un seul prix à la fin de l'année pour toutes les facultés. Il est vrai que, dès 1850, le président du Conseil d'administration pouvait dire : « Vous savez, aujourd'hui, que tout ce qu'on avait projeté a été mis à exécution, que l'enseignement promis a reçu tous les développements désirables. » Les programmes mis en usage, dans lesquels se trouvent indiqués des cours de latin pour les quatrième, cinquième et sixième années, semblent dès lors avoir fait suffisamment leurs preuves pour que le même président puisse justement affirmer alors que « le Collège Chaptal présente maintenant un ensemble complet d'études ».

Mais il convient de remarquer que l'organisation d'un enseignement nouveau ne peut aller sans de nombreux essais qui tous n'ont pas la même valeur, ensuite que cet enseignement, même sans changer de caractère, se complète forcément chaque année par des additions reconnues nécessaires.

Aussi le Conseil crut-il devoir, en 1853, donner à l'œuvre entreprise sa consécration officielle en faisant une sorte de codification raisonnée des programmes du Collège, programmes dont la rédaction n'avait jamais été complètement achevée, les grandes lignes seules en ayant été tracées jusqu'alors. On jugea donc « qu'après huit ans d'application de ce système d'études, il était sage de se rendre compte de ce qui avait été fait, de savoir où et pourquoi on avait réussi où et pourquoi on avait échoué ». Pour mieux atteindre ce but, une commission fut nommée en vue « de reviser les programmes, d'en développer et d'en restreindre les facultés, de les distribuer selon ce que voudrait l'expérience ». Dans cette commission se trouvaient MM. Horace Say, Alfred Blanche, Boulatignier, tous membres du Conseil d'administration qui, « des considérations générales descendant aux détails, demandèrent aux professeurs des programmes divisés par leçons, de telle sorte qu'on pût jour par jour calculer la marche et suivre les progrès de l'instruction ».

Voici quelques-unes des dispositions générales arrêtées : « Quatre années, en sus des cours préparatoire et élémentaire, bien entendu, ont été jugées nécessaires pour le développement des études indispensables à tous. Deux cours supérieurs sont réservés à ceux qui veulent entrer aux Écoles ou mériter un diplôme de bachelier ; l'examen pour ce grade universitaire exigeant plus de connaissances en latinité qu'on ne l'avait pensé d'abord, le nombre des classes et conférences latines est porté à cinq par semaine. Les cours d'éléments de latinité commenceront ainsi que par le passé, dès la quatrième année d'études, mais ils seront facultatifs, c'est-à-dire que les élèves qui ne se proposeront pas d'entrer dans les cours supérieurs pourront être dispensés de ce travail.

Dans les deux cours supérieurs, l'enseignement des mathématiques prendra un développement proportionné à l'importance qu'elles occupent dans les examens. » C'est encore là, on peut le voir, l'organisation générale de nos études.

Pourtant, on n'en crut pas moins à la nécessité d'apporter à ces programmes une modification importante en 1869, sans en changer d'ailleurs le caractère, plutôt même en s'y conformant plus strictement encore. L'administration du Collège, en effet, obéissant toujours à la pensée qui avait présidé à son organisation, crut devoir alors, non sans raison, consacrer même une section de l'une des deux années d'études supérieures à un enseignement supérieur professionnel, et c'est ainsi que nous trouvons sur les palmarès du Collège une section de cinquième année portant le titre de section d'études commerciales supérieures, alors que, d'après les programmes de 1853, la cinquième année était fermée à tout élève qui n'avait pas suivi de cours de latin.

Enfin, quelque temps après la guerre, en 1874, la direction jugea indispensable le même travail de revision des programmes qu'en 1853, alors que ces programmes, maintenus rigoureusement dans leur esprit, avaient pu, avaient dû même recevoir depuis lors dans la pratique des modifications de détail, alors surtout qu'après la guerre il y avait eu dans le personnel des professeurs chargés de leur application de nombreux changements. C'est ce travail complètement terminé pour l'Exposition de 1878 par le préfet général des études, M. Boucher, dont on ne saurait louer trop haut la valeur et le dévouement, c'est ce travail vraiment complet et du plus haut intérêt, remanié encore pour l'Exposition de 1889, qui forme la base actuelle de nos études. Il comprend la matière d'un volume considérable. Le registre manuscrit en est déposé à l'Exposition.

C'est à lui qu'il faut recourir pour bien comprendre comment, restant fidèle au principe même de l'institution, mais ne se croyant pas tenue à l'immobilité, l'administration du Collège a toujours songé, non sans raison, à lui donner tout le développement qu'elle comportait.

Sans entrer dans l'énumération des améliorations progressives apportées aux programmes des différentes matières d'enseignement du Collège, qu'il nous soit permis, en effet, d'en indiquer rapidement quelques-unes. Elles suffiront à nous permettre d'apprécier le caractère général de ces améliorations, comme aussi la haute valeur et le dévouement incessant de ceux qui ont dirigé les études du Collège. On verra, de plus, que quelques-unes d'entre elles ont été le point de départ de quelques études très appréciées depuis lors et suivies plus tard dans d'autres établissements d'instruction.

2° *Enseignement scientifique et professionnel.* — Au point de vue purement scientifique, les progrès de l'enseignement doivent surtout être constatés par les résultats des examens, résultats fort brillants, on le sait, pour le Collège. Nous devons, de plus, laisser de côté, en grande partie, les modifications apportées aux programmes des deux années des cours supérieurs, modifications qui marchent de pair avec celles des examens de l'Université. Qu'il nous suffise de rappeler que la cinquième année, qui date de 1846 comme nous l'avons dit, ne devait recevoir son développement complet qu'en 1869, avec la section d'études commerciales supérieures, qu'en outre, la sixième année, créée en 1848, devait avoir en 1866 son organisation presque entière par sa séparation en deux sections, l'une préparatoire à l'École centrale, l'autre aux Écoles polytechnique et normale supérieure.

Aussi bien les progrès scientifiques doivent se mêler forcément pour nous aux progrès de l'enseignement que nous pourrions appeler *professionnel*, en prenant ce mot dans le sens le plus large. Rien n'est plus juste, en effet, que cette allocution du directeur aux élèves du Collège en 1861 :

« Les sciences physiques et mathématiques tiennent une large et légitime place dans notre enseignement. Ces nobles études qui vous entretiennent des merveilles de la création et vous en dévoilent les mystères, ont le privilège de vous séduire et de vous entraîner. Et comment en serait-il autrement ? Le spectacle de tous les phénomènes qui vous entourent éveille incessamment votre attention... et puis, avec quel empire s'empare de vous la conviction que ces *connaissances acquises au Collège, vous pourrez les mettre à profit dans la vie active !* »

Dès 1848, on se préoccupe à ce point de vue de

sérieuses améliorations, et nous ne parlons pas seulement d'améliorations matérielles, de l'augmentation des collections scientifiques. On sait que les cabinets de physique et d'histoire naturelle du Collège, constamment enrichis par de nombreux achats, que les laboratoires de chimie, merveilleusement agencés, permettent au Collège Chaptal de soutenir avec avantage la comparaison avec n'importe quel établissement secondaire, voire même avec beaucoup d'établissements d'enseignement supérieur. (Voir les catalogues déposés à l'Exposition.) Nous ne parlons ici, bien entendu, que de l'enseignement lui-même.

Or, d'une part, l'un des présidents du Conseil en indique avec la plus grande précision la tendance véritable dans le sens plus spécialement industriel. Parlant des merveilleuses applications de la science à l'industrie, il dit dans une de ses allocutions en 1855 : « Mais ce n'est pas seulement pour ces grandes choses que l'industrie est tributaire de la science. Aujourd'hui les plus modestes professions sont forcées de réclamer son concours... C'est pour cela que dans ce Collège les notions scientifiques sont distribuées aussi abondamment que le permet l'âge des élèves, et que, pour initier les jeunes gens à l'application de ces notions, on joint à l'enseignement oral des expériences ou des manipulations dans le laboratoire et l'étude de collections scientifiques ou de produits industriels. »

Aussi dès le début, en 1845, le Préfet de la Seine avait-il annoncé pour la rentrée d'octobre, en quatrième année, la création de cours de technologie et de mécanique industrielle. Mais ce n'est là qu'un détail indiquant seulement la voie déjà tracée.

En 1860, en effet, petit et grand Collège ne tarderont pas à y entrer tout à fait.

Le directeur conçoit alors le premier, on peut l'affirmer, l'idée d'un enseignement dont il est fort embarrassé pour trouver le nom et qui, depuis lors, sous le titre de *leçons de choses*, a fait fortune, il y a quelque dix ans : « Le petit Collège, dit-il, aura aussi son contingent d'améliorations par l'établissement d'un enseignement nouveau auquel, je vous l'avoue, j'éprouve quelque embarras à donner une dénomination bien précise. Ce ne sera spécialement ni de l'histoire naturelle, ni de la physique, ni de la chimie, ni de la mécanique, mais un peu de tout cela, et, avant tout, une méthode pour l'intelligence bien plus qu'une acquisition nettement définie pour la mémoire. Ce cours aura moins pour objet de vous donner certaines notions scientifiques que de diriger en vous la curiosité naturelle à votre âge pour en faire un instrument d'observation et de vous montrer que le monde qui vous entoure est une matière inépuisable, offerte à votre attention réfléchie, et, lorsque l'épreuve aura été faite, j'espère que vous aurez, comme moi, la conviction que la nature est un livre qu'il faut apprendre à épeler de bonne heure, afin de pouvoir plus tard y lire couramment. » Je ne sais pas de plus admirable définition, de plus précise et de plus élevée tout ensemble, de cet enseignement qu'on a beaucoup vanté en ces dernières années sans peut-être en beaucoup comprendre le caractère et la portée. Il suffit de dire que les leçons de choses enseignées au petit Collège Chaptal se sont toujours faites, se font encore d'après les principes tracés ainsi de main de maître par le directeur, pour qu'on en reconnaisse tout l'intérêt, toute la valeur.

Aussi bien cette observation que nous venons de présenter sur cet enseignement, d'autres avant nous l'ont faite : « Il n'est pas sans intérêt, dit M. le conseiller municipal Loiseau, de remarquer que, depuis de longues années, des cours élémentaires de sciences physiques et naturelles ont été établis dans le petit Collège, même pour la classe élémentaire et que ce qu'on a importé d'Allemagne et baptisé de *leçons de choses* est chose déjà très ancienne à Chaptal. J'ai remarqué les excellents résultats produits par cet enseignement mis à la portée des jeunes intelligences, et j'en revendique hautement la priorité de la mise en pratique par notre Collège municipal. »

Quant au grand Collège, pour me servir du même mot, fort récent d'ailleurs, il possédait depuis longtemps, en quelque sorte depuis la création du Collège, son enseignement de leçons de choses ; il avait déjà les expériences et les manipulations de physique et de chimie. — En 1867 pourtant, cet enseignement prend la plus grande et la plus heureuse extension par la visite régulière des établissements industriels : « A notre enseignement théorique, dit alors M. Monjean, chaque année ajoute un contrôle plus étendu des faits et une pratique plus constante. Les expériences se multiplient dans nos cours de physique ; les manipulations, dans nos laboratoires ; et les relevés topographiques, sur le terrain... Élucider les théories dans les sciences par les vérifications les plus précises, tel est le but que nous poursuivons et auquel nos efforts les plus persévérants ne manqueront pas. » — Et il ajoute : « Les trois dernières semaines du mois de juillet sont consacrées chaque année par nos élèves des cours supérieurs à la visite des grands établissements industriels. Chacune de ces excursions donne lieu à des rapports, à des comptes rendus soigneusement contrôlés, et nos jeunes gens en recueillent une instruction pratique des plus utiles... Aux grandes manufactures de l'État : Sèvres, les Gobelins, les Tabacs, l'Imprimerie nationale, viennent s'ajouter sur notre liste un nombre important de grandes industries. » Suit alors l'énumération de ces usines ou grands ateliers visités par les élèves. Il est à peine besoin d'ajouter que ces visites ont été continuées avec le plus grand soin. Seulement, faites en trois semaines, surtout à la fin de l'année scolaire, elles avaient le tort de ne laisser trop souvent que de fugitives impressions. Elles ont lieu maintenant tous les jeudis, depuis le mois de janvier jusqu'à la fin de l'année, et donnent les meilleurs résultats.

D'autre part, l'administration du Collège ne pouvait négliger la partie en quelque sorte commerciale des programmes de nos études, et c'est ainsi, sans parler de la géographie commerciale, dont il sera question tout à l'heure, que nous trouvons tout d'abord des cours de tenue des livres organisés en troisième année dès 1844, lors de la fondation du Collège, cours qui seront plus tard complétés, en 1860, par des leçons de comptabilité commerciale en quatrième année. Déjà même, en 1860, on avait ajouté aux premiers programmes un cours élémentaire d'économie politique et un cours de législation usuelle et d'administration.

Ces derniers, il est vrai, ne semblent avoir été définitivement organisés qu'en 1862, à en croire les paroles suivantes de notre Directeur : « Nous songeons à élargir la base de notre enseignement par une double adjonction. L'étude des lois qui régissent l'industrie et des institutions qui ont pour effet d'en développer l'essor et d'en arrêter les écarts, n'avait pas encore trouvé place dans notre programme. L'absence d'un pareil enseignement n'était-elle pas regrettable, dans un établissement dont le caractère est plus pratique qu'abstrait?.... » Et, plus loin, il ajoutait : « Le monde des intérêts a ses lois qui changent avec le temps et les progrès des idées ; mais il a aussi ses principes immuables, qui sont l'expression même de la nature des choses. S'il est une science qui nous enseigne en vertu de quelles lois se produit, s'échange et se distribue la richesse ; que l'extension d'une branche d'industrie est favorable au développement de toutes les autres, comme l'accroissement légitime de la fortune privée l'est à celui de la fortune publique ; que les intérêts généraux des nations ne sont pas plus opposés les uns aux autres que ceux des particuliers ; s'il est une science dont la conséquence finale soit la conciliation de tous les intérêts, l'union et la solidarité de la grande famille humaine, vous avouerez que cette science éminemment sociale, qu'on appelle *l'économie politique*, est largement autorisée à revendiquer son droit de cité parmi nous. » Dès l'abord, d'ailleurs, c'est seulement sous forme de conférences trimestrielles qu'on a cru devoir introduire l'économie politique dans nos programmes d'études.

Avec l'année 1869, lors de la création de la section d'études commerciales supérieures, en cinquième année, le caractère commercial d'une partie de nos études se précise naturellement encore davantage. Après avoir rappelé le succès des élèves de cinquième et de sixième année aux examens, le Directeur ajoute : « Mais de nouveaux besoins se manifestent autour de nous : les relations entre les peuples se développent sous des formes diverses avec une activité nouvelle ; les intérêts s'enchaînent et se compliquent, et la nécessité se fait sentir de faire une plus large part à notre enseignement pratique. Dès la rentrée des classes, une division nouvelle, spécialement affectée aux études commerciales d'un ordre supérieur, sera ajoutée à notre cours de cinquième année. Le programme de cette division comprendra des cours d'arithmétique et de comptabilité avancée, de jurisprudence commerciale, de matières premières et de technologie, de correspondance anglaise ou allemande, espagnole ou italienne, et de littérature appliquée aux qualités de clarté et de précision que réclame le langage des affaires. Cet enseignement doit avoir un *caractère essentiellement pratique....* »

Ainsi ce qui paraît ressortir de la partie de nos programmes que nous venons d'examiner, c'en est, sans aucun doute possible, le caractère pratique, qui fait aujourd'hui, comme autrefois, du Collège Chaptal, ce que nous avons dit tout à l'heure avec M. Gréard, une *École réale.*

3° *Travaux graphiques.*— Il n'est pas jusqu'aux travaux graphiques, touchant d'ailleurs quelque peu à la partie professionnelle de notre enseignement, qui n'aient, toujours au même point de vue, attiré l'attention des administrateurs du Collège. Deux années surtout paraissent avoir amené dans l'enseignement du dessin de très réels progrès.

L'un de ces progrès, qu'il nous paraît presque ridicule de constater aujourd'hui, a pourtant son importance, eu égard à l'époque où il se produit : « Un changement important a eu lieu, dit M. Goubaux, en 1851, dans l'enseignement du dessin, sur les avis du savant et bienveillant M. Achille Leclère, membre de l'Institut, qui, l'année dernière, avait inspecté cette branche de nos études. Deux sections distinctes de travaux graphiques ont été créées, et chacune reste confiée à un homme spécial : l'une comprend tout le dessin mathématique, depuis le tracé des lignes jusqu'aux plus hautes épures ; l'autre, sous le titre de dessin d'ornement, comprend, avec l'histoire de l'art, tout ce qui est propre à développer le goût ; ces deux enseignements sont obligatoires ; le dessin de la figure et du paysage est resté facultatif. » Sans parler de ce qui a trait au dessin de la figure et du paysage, il est de toute évidence que cette séparation des cours de dessin présente déjà une très sérieuse amélioration.

Il en est une autre qui presque partout ailleurs, si je ne me trompe, n'a été réalisée que dans ces dernières années et qui se trouve déjà en partie appliquée au Collège Chaptal depuis 1867. Cette année même, en effet, dans un compte rendu des travaux de l'année scolaire, nous trouvons ce renseignement : « Aux modèles graphiques, généralement usités, se substituent, dans nos classes de dessin linéaire et d'imitation, les appareils eux-mêmes, les machines réduites pour les besoins de notre enseignement, les plâtres qui nous restituent les chefs-d'œuvre de la statuaire ancienne et moderne..... » Il est vrai qu'il est aussi parlé « des dessins des grands maîtres que des procédés de reproduction perfectionnés rendent avec la plus exacte vérité ». Mais le rapport ajoute : « ..... Dans l'art, supprimer les intermédiaires qui nous voilent la réalité des choses et la contempler à ses sources originales, tel est le but que nous poursuivons. »

Ne sont-ce pas là réellement, exposés avec une admirable élévation d'idées, une remarquable précision de langage, les principes sur lesquels repose aujourd'hui l'enseignement du dessin dans toutes les écoles.

Ajoutons que cette histoire de l'art, dont il est question dans quelques lignes du rapport de 1851, que nous venons de voir, a pris sa place aussi dans l'enseignement : « L'étude du dessin d'ornement, est-il dit dans celui de 1861, loin de se borner à être un simple exercice de l'œil et de la main, s'est agrandie de considérations relatives aux différentes époques de l'art et aux lois du beau, de sorte que chaque modèle placé sous les yeux des élèves est devenu, en même temps qu'un travail graphique, une leçon d'histoire et de goût. » Aussi bien, les projections lumineuses, dont nous parlerons tout à l'heure, nous montreront ce qui a encore été fait dans le même sens en ces dernières années.

4° *Enseignement littéraire.* — Au point de vue littéraire enfin, il importe pour se rendre exactement compte de la valeur des progrès qui ont pu être faits, il importe que nous ne perdions pas de vue le caractère que les fondateurs du Collège Chaptal (véritable Collège français) ont cru devoir, avec juste raison, lui imprimer.

Rappelons tout d'abord qu'un enseignement intéressant et vraiment rationnel de la langue française y a été établi de bonne heure. Sans doute, la direction s'attache à l'étude de la grammaire française proprement dite et croit nécessaire, en 1851, de morigéner « un trop grand nombre d'élèves qui n'ont pas mis à profit les excellentes leçons de grammaire française qui leur sont données ». Il est vrai que, sur ce point, elle est heureuse d'avoir à constater de sérieux progrès en 1854. Mais on ne s'en est pas tenu là. Sans parler du cours de latin, venant en aide à l'étude de notre langue, on a cru devoir créer, en 1850, « un cours élémentaire de langue grecque, propre à faire bien connaître les étymologies des mots français qui en sont dérivés ». Nous reconnaissons là précisément non pas peut-être absolument ce cours de langue grecque, terme un peu ambitieux peut-être, mais le *cours d'étymologie*, existant toujours en troisième année et donnant, sans conteste possible, d'excellents résultats.

Enfin, dès le début, l'on ajoutait, aux leçons de grammaire et de littérature, des cours d'histoire de la littérature française.

En 1855, le président du Conseil dit, avec juste raison : « Nous n'étudions pas seulement la langue française, dans sa grammaire, comme une langue usuelle qu'il faut savoir lire, comprendre, parler et écrire couramment ; nous l'étudions dans ses origines, dans sa littérature. »

Neuf ans plus tard, en 1864, le directeur développait excellemment la même pensée : « S'il est un établissement où la langue française doit être l'objet d'une étude privilégiée, c'est certainement le Collège Chaptal. Notre enseignement grammatical ne doit pas être seulement un empirisme plus ou moins soumis à la juridiction de la syntaxe, mais aussi un instrument d'analyse pour la pensée et de développement pour l'intelligence. Nous devons y trouver à la fois un moyen et un but. Les modifications apportées, sous ce rapport, à l'enseignement de la grammaire française dans nos cours de deuxième année, ont déjà produit d'heureux effets ; mais notre ambition est plus exigeante... La grammaire seule ne suffit pas à la connaissance de notre idiome. La langue de la France a subi toutes les vicissitudes de son histoire, et c'est des éléments les plus compliqués, des assimilations les plus inégales, que s'est formée cette nationalité de la langue, fille de la conquête latine, mais à laquelle l'esprit français devait donner son empreinte originale, et le siècle de Louis XIV, son expression la plus achevée. L'histoire de ses origines et de son développement a été, depuis plusieurs années, l'objet de travaux considérables dont les résultats sont constatés avec la plus entière exactitude; mais, lacune regrettable, ces résultats n'avaient pas encore pénétré dans l'enseignement public. Je me trompe: l'Allemagne, dans ses universités et même dans ses gymnases, a pris, depuis plusieurs années déjà, l'initiative qui devait nous appartenir, et j'avoue que ce n'est pas sans une certaine humiliation que j'ai vu, l'année dernière, aux confins de l'Europe orientale, un grand nombre d'étudiants allemands et polonais se presser autour d'une chaire de philologie française. Pénétrés de la nécessité d'un pareil enseignement, qui est comme le trait d'union de nos études latines, italiennes, espagnoles, nous nous sommes mis à l'œuvre à la rentrée des classes; et, grâce au dévouement toujours empressé d'un de nos professeurs... ce nouvel enseignement a conquis droit de cité parmi nous, et les bords de la Seine n'ont plus rien à envier à ceux de la Vistule. »

Et voilà comment, dès 1864, l'étude élémentaire

des origines et du développement de notre langue prenait dans notre enseignement la place qu'on lui a donnée ailleurs, seulement dans ces dernières années. Nous verrons, du reste, bien d'autres exemples de l'heureuse initiative prise par le Collège Chaptal.

On n'a pas attendu, en effet, les désastres de la guerre de 1870, je ne dis pas seulement pour comprendre toute l'importance des langues vivantes, mais pour entrer dans les voies d'un enseignement en quelque sorte utilitaire et pratique. Dès 1855, le Collège comprenait, avec des cours d'anglais et d'allemand, cours classiques, pour ainsi dire, des leçons de langues italienne et espagnole en quatrième année.

« L'étude des langues, disait en 1885, M. Boulatignier, président du Conseil d'administration du Collège, est depuis longtemps au premier rang des instruments employés pour former l'intelligence de la jeunesse... Ici, on a cru que l'intelligence des enfants pouvait être exercée à pénétrer le mécanisme de nos idiomes modernes, à débrouiller leur syntaxe, presque aussi utilement que si ces jeunes esprits appliquaient leurs efforts aux idiomes de la Grèce et de Rome... Au Collège Chaptal, comme dans nos lycées, l'étude des langues est donc la base de l'enseignement, mais nous croyons pouvoir dire que cette étude est chez nous d'une utilité plus pratique. » Aussi, trouvons-nous dès cette époque, le début des cours spéciaux pour l'*étude orale de la langue*, cours qui ont été développés ici dans ces derniers temps. On peut s'en convaincre, d'ailleurs, par la lecture des palmarès de l'époque où nous trouvons des prix, dits de récitation anglaise et allemande. C'est enfin en 1869 que l'enseignement des langues, prenant tout son développement, est introduit comme il convient dans les classes élémentaires, « la souplesse de mémoire et la facilité d'assimilation propres à cet heureux âge étant éminemment favorables à l'étude des langues ».

Est-il besoin d'ajouter que l'impulsion générale donnée en France à l'étude des langues vivantes, par les désastres de l'année 1870, n'a fait que grandir encore l'importance qu'il convient de leur accorder dans notre enseignement. En 1883, M. Villard, après avoir dit aux jeunes gens du Collège que dans dix ans, moins peut-être, mieux vaudrait pour le profit de l'œuvre commune savoir une langue de plus et posséder une science de moins, ajoutait : «...Vous est-il arrivé, parfois, de rechercher les causes de la prédominance acquise en maintes carrières par les israélites ? — Le passé et la race y entrent pour beaucoup, je suis prêt à le reconnaître, mais soyez sûrs que leur aptitude et leur application à posséder plusieurs langues ne sont pas la moindre des supériorités qu'ils apportent comme contingent à cette influence toujours grandissante... Les effets sont d'autant plus frappants qu'ils sont à peine cent mille en France, c'est-à-dire dans la proportion de un sur quatre cents environ. » — Et, l'année suivante, M. Desmoulins reprenant la même idée, disait : « Nous ne sommes plus au temps où l'on pouvait croire que la civilisation se faisait dans un seul pays, la civilisation se fait aujourd'hui partout.

Mais elle a trois centres principaux : la France, l'Angleterre et les États-Unis, l'Allemagne. L'homme qui connaît les langues de ces grandes nations, peut se dire en possession de la langue universelle. » Tout récemment, enfin, en décembre 1888, voulant marquer tout l'intérêt qu'il porte à l'étude des langues vivantes, le Conseil municipal créait pour les élèves du Collège Chaptal, comme aussi, du reste, pour ceux des écoles supérieures de la Ville, des bourses de séjour à l'étranger, destinées aux meilleurs élèves des cours de langues. Hâtons-nous de dire, d'ailleurs, que cette étude a pris récemment au Collège une telle extension, que dans les classes intermédiaires et supérieures, l'usage du dictionnaire peut-être interdit en composition, que même, nombre d'élèves des divisions supérieures sont à même de suivre une conversation dans la langue vivante qui lui est enseignée. M. Loiseau pouvait donc dire fort justement en 1881 : « Les langues vivantes sont enseignées à Chaptal d'une manière sérieuse et pratique, de sorte que les élèves qui mettent à profit les leçons du professeur sont en état de parler et d'écrire couramment une langue étrangère au sortir du Collège. »

Des programmes de l'*histoire et de la géographie*, plus fixes peut-être, plus stables, nous avons évidemment peu de chose à dire, si ce n'est qu'ils ont été aussi l'objet d'une sérieuse attention de la part de l'administration du Collège. D'ailleurs, là encore n'avons-nous pas à signaler quelques heureuses innovations, comme l'introduction, en 1861, de l'histoire contemporaine entrant seulement l'année suivante dans l'enseignement universitaire; quelques recherches, intéressantes aussi, concernant les procédés d'enseignement pour les sciences géographiques? En 1851, le directeur est heureux de constater les résultats tout à fait satisfaisants de la méthode géographique professée l'année précédente au Collège, par M. Sanis, et appliquée ensuite avec habileté et persévérance par un de nos maîtres. Ajoutons encore que les programmes de géographie comprenaient, dès cette même année 1851, un enseignement « de géographie commerciale et industrielle » assez important pour donner lieu à un prix spécial.

Enfin, un cours de *morale* se détachant du cours d'instruction religieuse est créé en 1861. Le directeur annonçait ainsi l'ouverture de ce cours: « Envisager l'âme humaine dans ses aspirations et ses facultés; la société, dans les conditions essentielles de son existence; étudier l'action de l'homme sur lui-même... tels sont les principaux éléments dont se composera le cours qui sera professé dès la rentrée aux élèves de troisième année. » C'était là une haute conception du nouveau cours, et l'on avait beau ajouter : « D'autres prétentions ne sauraient être apportées à ce cours, qu'une exposition simple et lumineuse », il est certain que l'on s'élevait peut-être alors à un programme trop ambitieux, qui a été ramené à de justes proportions, en ces dernières années, par l'organisation du cours d'enseignement civique et moral.

A en juger d'après les programmes de cet enseignement littéraire, on était donc bien venu à dire, en 1861, aux élèves du Collège Chaptal : « Peut-être parmi cette nombreuse jeunesse et sous cette abeille qui vous distingue, peut-être un Arago ou un Thénard se cache-t-il inconnu à lui-même ; pour celui-là, s'il existe, je suis bien forcé d'avouer que la nature aura été assez prodigue envers lui pour que nos conseils ne pèsent pas d'un bien grand poids dans sa destinée. Mais, aux autres, à ceux d'entre vous qui sont destinés aux diverses branches du commerce et de l'industrie, je dirai : suivez avec ardeur tous vos cours de littérature, de géographie, d'histoire, de langues anciennes et modernes. Vous apprendrez ainsi à rendre votre pensée avec une clarté qui lui donnera tout son prix, à connaître les chefs-d'œuvre de l'esprit humain et l'humanité elle-même avec ses idées, ses passions et ses besoins. Vous aurez cultivé en vous, non seulement certaines applications de l'intelligence, mais l'intelligence elle-même, ce puissant instrument de l'action individuelle et du progrès social ; vous vous serez préparés non pas à une seule carrière, mais à toutes, et chacun de vous se trouvera ainsi au niveau de toutes les situations si changeantes de la vie, et de toutes les nobles ambitions de l'homme et du citoyen. »

VII

Projections lumineuses et séances littéraires.

Qu'il me soit permis d'indiquer encore ici deux créations qui, datant à peine de quelques années, sont absolument spéciales encore au Collège Chaptal, si je ne me trompe, et ont produit certainement les meilleurs résultats, l'une, venant à la fois en aide à l'enseignement de la géographie, du dessin et des sciences naturelles, l'autre, à l'enseignement littéraire.

Je veux parler des projections lumineuses, d'une part, de l'autre, des séances littéraires.

Une salle particulière, un grand amphithéâtre pourvu d'une installation spéciale, aussi complète que possible, a été réservée à des *projections lumineuses*, faites non pas au hasard et par hasard, mais à époque fixe, et sur des sujets précis; deux fois par trimestre, en effet, les divisions du petit et du moyen Collège y viennent repasser *de visu*, en quelque sorte, leurs cours de géographie, de leçons de choses et d'histoire naturelle, sous la direction, les unes, du préfet des études du petit Collège, les autres, du préfet général des études.

Dans ces conférences, où plus de deux mille photographies des cités et des monuments les plus remarquables de l'Univers sont projetées sur un écran de 25 mètres carrés, et passent successivement sous les yeux des élèves, dans un ordre méthodique, on ne s'attache pas seulement à rappeler quelques souvenirs d'histoire et de géographie, mais on s'efforce de leur donner quelques notions précises sur l'art aux différentes époques, sur les styles successifs en architecture. Il n'est pas besoin évidemment d'insister sur l'importance de ces sortes de cours complémentaires, faits par des hommes dont l'habileté professionnelle égale le dévouement ni sur la portée de ces leçons vivantes, en quelque sorte, suivies avec un profond intérêt par des enfants qui voient presque ce qu'ils ont lu et entendu. (Voir le catalogue des projections à l'Exposition.)

Les *séances littéraires* sont aux lettres, ce que sont au dessin, à la géographie et aux sciences physiques, les projections lumineuses.

Déjà la lecture à haute voix avait été introduite à Chaptal depuis de longues années, avant même qu'elle fût l'objet de la préoccupation générale, comme le dit fort bien en 1879, M. Songeon : on fit mieux encore en 1882.

Tous les quinze jours, le jeudi, pendant quatre mois d'hiver, de novembre à avril, l'excellent professeur de lecture expressive organise dans la bibliothèque du Collège, avec le concours d'artistes de la Comédie française, du Vaudeville et de l'Odéon, de véritables séances littéraires. Il ne s'agit pas, à coup sûr, de représentations théâtrales, comme en organisa, un instant, chez elle, l'école Monge, qui fut obligée d'y renoncer, comme en ont établi aussi la Comédie française et l'Odéon, pour les élèves des lycées et des écoles, représentations semblables à toutes les représentations possibles, jouées en costumes de théâtre, faites pour le public, autant que pour les écoliers, faisant connaître, d'ailleurs, au plus, une ou deux œuvres quelconques. Nos séances littéraires, nous répétons ce mot absolument juste, ont été organisées avec la mesure, la réserve qui convenait en pareille occurrence. Maîtres et élèves seuls y assistent, en ayant en mains le programme, programme composé toujours de quatre ou cinq morceaux environ. D'abord quelques scènes ou même un acte d'une ancienne comédie (Molière, Regnard, Marivaux, Lesage, etc.), ensuite un monologue, toujours très littéraire, tiré des œuvres de Daudet, de Droz, etc., enfin, une comédie en un acte d'un auteur comique du dix-neuvième siècle (Labiche, Augier, etc.). C'est certainement une séance « récréative » ; c'est une séance vraiment instructive aussi, éducative même, pour mieux dire, éveillant quelque peu la curiosité littéraire de nos jeunes élèves, formant peut-être leur sens critique, leur donnant sans aucun doute le goût des grandes et belles œuvres de notre littérature. (Les programmes de ces séances, instituées depuis 1882, ont été réunis en un volume déposé à l'Exposition.)

VIII

Examens permanents et examens de passage.

Mais les programmes d'études, si bien faits soient-ils, doivent, pour porter tous leurs fruits, être constamment et sérieusement suivis par tous les élèves. Dès longtemps, alors même qu'il n'en était pas encore question ailleurs, on a donc compris au Collège Chaptal l'importance de deux sortes d'examens destinés à maintenir au point le niveau des études : ce sont, pour les hautes classes, les examens permanents ; pour toutes les divisions, les examens de passage.

C'est dès 1853, en effet, que les uns et les autres ont été établis, et le directeur en constate dès lors le bon fonctionnement. « Ainsi, disait-il alors, en parlant des examens permanents dans les hautes classes, chaque élève, constamment tenu en haleine par la certitude d'être bientôt appelé à faire preuve de travail et d'études sérieuses, ne peut compter sur le hasard d'un oubli ou sur les précautions de son silence pour dissimuler les effets de sa paresse... Vos professeurs, ajoute-t-il, se sont partagé ces différents travaux... »

Plus tard encore, en 1865, alors que ce système d'examens était avec plus de raison remis aux mains d'examinateurs étrangers au Collège, le directeur disait fort justement : « Les examens périodiques, en plaçant un contrôle incessant à côté de l'enseignement, nous donnent la mesure de chacun de vos efforts et vous sont à vous-mêmes une continuelle et puissante excitation... De ces fréquents exercices vous avez recueilli plus d'autorité dans la pensée, plus de sûreté dans la solution des problèmes, plus de clarté et de mesure dans l'expression... »

Quant aux examens de passage, l'année même de leur création, M. Goubaux en parlait en ces termes : « Pour garantie de ces progrès, il faut une sévérité qui ne permettra pas qu'un élève ignorant vienne, en invoquant un âge trop avancé ou simplement des raisons d'amour-propre, s'asseoir sur les bancs d'une classe dont l'enseignement n'est pas fait pour lui. Il faut en finir courageusement avec cette mauvaise routine qui laisse chaque année un enfant paresseux ou ignorant monter un degré de ses classes par la seule raison qu'il a passé une année dans la classe inférieure ; on berce ainsi les familles dans une coupable illusion et on encourage l'indolence en l'affranchissant d'une honte. » Deux ans après encore, il revenait sur la même question : « Il faut ne permettre le passage ou l'admission dans un cours que lorsqu'on aura acquis la conviction que l'élève est en état de bien comprendre, de bien suivre l'enseignement qui lui est donné... Puisque nous avons été assez heureux déjà pour réformer quelques abus trop longtemps tolérés dans l'enseignement public, n'est-il pas temps d'en finir avec ce qu'on appelle des queues de classes, avec ces enfants qui, après avoir exercé pendant un an la patience de leur professeur veulent monter avec des camarades qu'ils ont à peine regardé marcher sans daigner faire un pas avec eux... Il faut pour tous rentrer et rester dans la vérité.

« Notre attention, dit encore M. Monjean, en 1874, s'est attachée surtout aux examens de fin d'année... Nos classes acquièrent ainsi déjà l'homogénéité des plus favorables à vos progrès. Plus de ces arrière-gardes qui, souvent en dépit d'un bon vouloir nécessairement impuissant, entravent l'action du professeur et nuisent à la marche de la classe. »

IX

Éducation morale et physique.

Ainsi, l'esprit novateur qui a présidé à la création du Collège Chaptal a continué d'exercer sur ses destinées une heureuse influence. L'éducation morale même et l'éducation physique des enfants n'ont pas été sans y trouver fréquemment leur compte. Sans nous lancer dans le détail et la discussion des faits qui nous entraîneraient trop loin, ne rentrant pas tout à fait dans notre sujet, nous en donnerons pourtant quelques témoignages caractéristiques.

En 1856, M. Goubaux s'adressait ainsi à ses élèves :

« Nous avons pu réaliser cette année un projet caressé depuis longtemps, mais qui ne pouvait recevoir son exécution que le jour où il y aurait la confiance la plus absolue, la sympathie la plus complète entre tous les membres de notre famille ; ce jour est arrivé, et je vous proposai de former entre vous, entre vous seuls, une association charitable, entretenue par vous, administrée par vous, vous seuls étant vos comptables, vos commissaires, me réservant seulement, à titre d'inventeur, le droit de vous présider. Je l'avoue, en essayant cette institution, je n'ai songé qu'à deux choses, vous initier aux devoirs et aux plaisirs de la charité, secourir quelques infortunés, et ce double but nous l'avons pleinement atteint », et le directeur présente alors une sorte de compte rendu de la première année d'exercice où les quêtes faites le lundi par les sergents ont obtenu 1071 francs.

L'année suivante, le baron Thénard fondait la *Société des amis des sciences*, tourmenté de la pensée que bien des savants consument leurs forces et leur fortune au service de la science et qu'une vieillesse misérable est trop souvent le prix de leur désintéressement et de leurs efforts; il voulait que tous ceux qui aiment la science et qui en profitent s'entendissent pour venir en aide à « ces pionniers des grandes découvertes ». Le directeur du Collège prit soin de faire connaître les statuts de la Société aux élèves, qui versèrent dans sa caisse une somme de 500 francs.

Évidemment l'extension du Collège Chaptal, entre autres motifs, a forcément amené la disparition du bureau de bienfaisance scolaire en question, dont on trouve encore un exemple dans quelques grandes Écoles de l'État, notamment à l'École normale supérieure et à l'École polytechnique. Mais pour être moins active, moins personnelle, moins directe plutôt, la charité, l'esprit de solidarité, pour mieux dire, ne s'en exerce pas moins toujours. Deux fois l'an, des quêtes se font toujours dans le Collège, par tradition, l'une en janvier pour les enfants moralement abandonnés, l'autre en avril pour les Alsaciens-Lorrains; l'enfance délaissée a remplacé la pauvreté; l'idée de la patrie, la science.

Quoi qu'il en soit, grâce à l'éducation saine et élevée donnée à nos élèves, éducation provenant d'ailleurs plutôt peut-être du système d'études et de la discipline générale, on pourrait certainement dire aujourd'hui des élèves du Collège Chaptal, au point de vue moral, ce que disait d'eux, en 1868, le président Dillais : « C'est à l'élève de Chaptal que Chaptal doit son caractère le plus original, le plus sympathique... Ce qui vous distingue entre tous les écoliers, c'est que tout en observant les exigences d'une discipline nécessaire, vous savez diriger et développer en vous l'esprit d'initiative, cet élan dans lequel notre âme s'ouvre au sentiment de la responsabilité, s'habitue à sonder la moralité des actes, aiguise pour les combats de la vie la plus forte de toutes les armes, la bonne et droite volonté... Plein d'un souffle généreux, ce n'est pas vous en qui on rencontrera jamais cette apathie de volonté, ces airs de langueur qu'affecte plus d'un collégien du jour ; cette manie de tristesse mensongère et prétentieuse qui plus tard dégénère en un lâche abandon de soi-même, en haine pour toute autorité légitime. Vous n'imiterez pas non plus ces esprits forts qui jugent la vie comme s'ils avaient vécu, raillent du haut de leur stérile indépendance le culte du passé, le respect des œuvres sublimes, ces vieux jeunes gens qui rient de l'illusion, de l'enthousiasme, de ce sentiment de l'admiration dont Descartes faisait une vertu, ceux enfin à qui un vieillard moins âgé qu'eux disait : « Donnez-moi vos vingt ans, si vous n'en faites rien. »

Nous ne citerons encore que pour mémoire l'association des anciens élèves, association de solidarité, créée en 1854, qui a rendu de nombreux services en soulageant de touchantes infortunes. Nous tenons du moins à la remercier ici et à la féliciter de son excellente organisation qui a permis aux anciens élèves du Collège de donner à quelques-uns de leurs jeunes camarades moins favorisés de la fortune, les bienfaits de l'instruction dans la maison où ils furent eux-mêmes élèves.

En ce qui concerne l'*Éducation physique*, il suffirait peut-être de montrer la magnifique salle de gymnastique construite, il y a quelques années, pour les élèves du Collège. — Rappelons encore que, presque immédiatement après la guerre, le Collège Chaptal avait procédé, le premier peut-être de tous les établissements d'instruction en France, aux exercices militaires; que, depuis six ans déjà, des excursions en voiture dans les environs de Paris ont remplacé pour les internes les promenades du jeudi; que cette année même, enfin, l'administration du Collège a pu s'assurer, au Vésinet, la jouissance d'un immense parc merveilleusement approprié aux jeux scolaires. (Une grande vue de ce parc est placée à l'Exposition.)

X

Le Collège Chaptal et les enseignements similaires.

A ne voir d'ailleurs, ce qui nous intéresse surtout ici, que les programmes d'études du Collège, s'étendant avec le temps toujours dans le même sens, se développant avec une parfaite régularité et s'améliorant toujours, jusque dans ces derniers temps, sans perdre aucunement leur caractère primitif, on ne peut s'étonner, comme nous le disons, qu'ils aient souvent servi de modèle.

« Dans les écoles supérieures de la ville de Paris, dans l'enseignement spécial des lycées et jusque dans l'enseignement classique, partout, disait fort justement le conseiller Longuet, il y a deux ans à peine, partout se manifeste l'influence de la conception vraiment moderne dont le Collège Chaptal fut le premier modèle. »

Laissant de côté les écoles supérieures de Paris ou, pour mieux dire, les écoles Turgot, écoles municipales parisiennes, il est certain que ceux qui croient à une imitation des lycées par le Collège Chaptal commettent une erreur étrange. A supposer que l'imitation existe, on pourrait dire hardiment qu'elle viendrait non de Chaptal, mais de l'Université. C'est à peine si autrefois le Collège a eu à faire subir à ses programmes quelques insignifiantes modifications de détail, en vue du baccalauréat ès sciences et du diplôme de l'enseignement spécial.

Lors des changements des programmes des lycées, en 1853, le directeur du Collège Chaptal était fondé à dire dans un discours officiel : « La faveur publique s'est hautement déclarée pour le Collège Chaptal... L'administration de l'instruction publique, en modifiant largement le système d'études des lycées, a prouvé que la tentative faite depuis plusieurs années par la ville de Paris était fondée sur le bon sens, sur les besoins de la société nouvelle et avait heureusement devancé les mouvements toujours un peu lents d'un grand État; les programmes d'examen des écoles publiques sont entrés dans la voie où nous étions déjà ; une épreuve finale a été donnée à nos études; le baccalauréat ès-sciences est devenu indépendant du baccalauréat ès lettres, et désormais les élèves qui termineront ici leurs études pourront emporter, avec un diplôme donné par l'administration publique, la garantie d'une première jeunesse employée à des études sérieuses... »

La même année, d'ailleurs, sans prétendre, comme il devait le faire, que la ville de Paris eût suggéré absolument les grandes réformes apportées au système de l'enseignement public, le préfet de la Seine lui-même exprimait les mêmes idées... « Le nouveau programme d'études a plus d'une analogie, disait-il, avec celui du Collège Chaptal... Il est donc permis de relever comme une indirecte et haute approbation la ressemblance qui se peut remarquer entre les essais heureux de l'administration municipale et les réformes accomplies pour organiser les études scientifiques dans tous les lycées..., » et il ajoutait, s'adressant aux élèves : « Jeunes gens, la barrière du baccalauréat ès lettres vous défendait jusqu'à ces derniers temps l'accès du baccalauréat ès sciences : elle vient d'être écartée. Le grade qui doit ouvrir devant vous nombre de carrières se présente aujourd'hui à l'issue de vos classes comme un niveau constant auquel peut et doit se mesurer la force de vos études... Je le sais, vous n'avez pas à redouter une telle épreuve. »

Quant à la ressemblance de certaines parties des anciens et nouveaux programmes de l'enseignement secondaire spécial avec ceux du Collège Chaptal, il y a tout lieu de penser que les organisateurs de l'enseignement spécial n'ont pas été sans s'inspirer de ces derniers.

« J'imagine n'avoir rien à vous apprendre, disait, en 1865, le directeur du Collège, en vous disant que le nom du Collège Chaptal a retenti, il y a peu de mois, dans l'enceinte du Corps législatif, et que cet insigne honneur a été fait à notre système d'études de le prendre pour type de l'enseignement spécial qui va être organisé dans les établissements de l'Etat. La ville de Paris, en créant le Collège Chaptal, avait déjà donné à cet enseignement droit de cité depuis 1844 : un décret vient de lui ouvrir la France entière. « De la lumière! Toujours de la lumière! s'écriait Gœthe mourant. Acclamons cette lumière nouvelle, qu'il soit le bienvenu parmi nous, ce rayon de plus qui vient de s'allumer au foyer intellectuel de la patrie commune et dont nous avons vu poindre ici la lueur naissante. » Et l'orateur allait jusqu'à dire, en dépit des barrières officielles imposées à l'enseignement municipal : « La loi nouvelle, en nous classant dans l'enseignement secondaire, nous a gratifiés d'un état civil des plus respectables. »

Il y avait, il est vrai, dans ces derniers mots une erreur de fait, d'ailleurs volontaire, notre organisation universitaire ne peut réglementairement autoriser cette intronisation du Collège Chaptal dans l'enseignement secondaire. Mais le fait ici importe peu. L'exactitude de l'idée est absolue ; l'enseignement secondaire spécial, on ne peut le nier, s'est inspiré du Collège Chaptal, et cela à deux reprises différentes, d'abord lors de sa création en 18[illegible], comme il vient d'être dit, puis lors de sa réorgan[illegible]ation, il y a sept ou huit ans environ, comme nous a[illegible]ons le voir.

L'Université, en effet, estima-t-ell[illegible] alors que l'enseignement spécial, pour des raison[illegible] qu'il ne nous appartient pas d'indiquer ici, n'avait p[illegible] tout à fait répondu à l'espoir de ceux qui l'avaient [illegible]rganisé! Ou bien crut-elle que le moment était ven[illegible] de donner dans ses lycées, à cet enseignement, la pla[illegible] que son importance semblait devoir lui assigner? — [illegible]oujours est-il qu'en ces dernières années, alors qu'il [illegible]agit de le réorganiser, c'est encore, en partie du mo[illegible]s, au Collège Chaptal qu'on semble s'adresser. Le mi[illegible]istre vient le visiter, nous verrons même dans un mo[illegible]ent l'impression qu'il retire de cette visite, et les différents présidents du Conseil d'administration du Collège, s'occupant tour à tour de la question, ne craignent pas de faire publiquement honneur au Collège des modifications apportées à l'enseignement universitaire.

« Je suis fier de vous le dire, s'écrie M. Songeon en 1880, Chaptal aura offert une indication et un modèle aux réformes, à la transformation de l'enseignement que prépare l'Université. » Puis, M. Villard parlant du Collège, ne dit-il pas en 1883 : « J'y ai trouvé... la préoccupation de ces progrès que l'initiative féconde de votre directeur a permis de réaliser ici, depuis longtemps, dans l'instruction, et que l'Université poursuit en ce moment, sous l'impulsion énergique et productive du ministre de l'instruction publique. »

C'est enfin M. Mesureur qui, mettant alors très nettement en cause l'enseignement spécial, s'exprime ainsi : « Par une grâce d'état toute particulière, l'enseignement de Chaptal n'a pas été enserré dans le programme de l'enseignement primaire supérieur;... *l'expérience a été concluante;* car, après une suite d'années brillantes, l'enseignement spécial devient officiel, et le baccalauréat de l'enseignement spécial va prendre sa place entre ses deux frères aînés, le baccalauréat ès sciences et le baccalauréat ès lettres.

XI

L'enseignement pratique au Collège Chaptal.

Évidemment, il n'est personne qui, examinant en toute conscience le chemin parcouru de 1844 à 1889, ne soit frappé par cette remarquable unité de direction qui, sans modifier le caractère du Collège, lui a donné, presque naturellement, son *développement normal*.

Sans doute, oubliant trop les emprunts de 1853 et de 1865, faits au Collège par l'enseignement secondaire, on a pu parfois renverser les rôles ; on a pu croire et dire que le Collège « tombait dans l'enseignement secondaire ». — C'est là ce qui, en 1880, faisait dire à M. le conseiller Rigaut : « Certains esprits, rares par le nombre, sinon par la qualité, calomnient parfois le Collège Chaptal, parce qu'ils ne le connaissent qu'imparfaitement, et j'ajoute que, lorsqu'il m'arrive de les entendre, j'ai peine à retenir mon dépit. »

Quoi qu'il en soit, l'erreur en question tient peut-être à d'autres causes : d'abord à l'importance donnée fort justement dans ce « Collège français », comme nous l'avons dit, à l'enseignement littéraire ; puis à l'existence de nos deux années d'études supérieures qui sont, en partie du moins, et forcément, de véritables classes d'enseignement secondaire, en raison même de la préparation spéciale de quelques sections aux examens de l'Université et des grandes écoles du gouvernement.

Mais ce que nous avons dit déjà de certaines parties de l'enseignement scientifique prouve assez que le Collège Chaptal n'a pas cessé d'être aussi une véritable « école réale ». Il se souvient des paroles prononcées par le président de sa première distribution des prix, M. de Rambuteau, préfet de la Seine : « Cette école a pour but de vous former aux professions commerciales et industrielles. » Partout, dans les programmes de nos quatre premières années d'études. l'on peut retrouver ce caractère d'enseignement réel s'appuyant presque toujours sur les faits et les applications.

Un président du Conseil ne disait-il pas encore, à juste titre, en 1883 : « On s'est toujours efforcé, en s'emparant du principe même de la fondation, de faire prévaloir le système spécial d'éducation et d'instruction pratique qui est une des gloires de Chaptal. » — « A côté de chaque loi qu'on vous démontre, disait même naguère encore le directeur, développant la même pensée, se rencontre l'expérience qui la contrôle et l'application qui en fait ressortir l'évidence, vous êtes conduits, comme par la main, dans une voie où chaque étape est marquée à l'avance, où les faits se succèdent avec une saisissante régularité. Et puis... quelle tentation, quel attrait pour de jeunes esprits si franchement accessibles à toutes les sollicitations du monde extérieur, si curieux de toutes les explications qui peuvent satisfaire leur avidité de contrôle, et qui, tous, sont préoccupés à si juste titre de l'avenir qui les attend ! — Cette salutaire émulation que vous portez dans l'étude des sciences appliquées, je la comprends et je l'approuve.

Il est vrai, le nombre des élèves suivant nos classes supérieures a toujours été relativement élevé. Mais, de cette situation, tout à l'honneur du Collège, doit-on conclure que le Collège ait jamais cherché ou cherche à entrer à pleines voiles dans l'enseignement secondaire proprement dit? Oui, certes, quelques familles aspirent à ouvrir à des enfants heureusement doués une plus large carrière. Mais tous les amis du progrès doivent s'applaudir de ce mouvement des esprits et de cette noble préoccupation. Est-ce à dire, comme le répète justement le rapport de fin d'année de 1861, « qu'infidèles à la pensée qui a présidé à la fondation du Collège, nous attachons moins de prédilection aux études plus particulièrement industrielles et commerciales. Loin de là, nos quatre premières années d'études sont la base de notre enseignement en même temps que notre raison d'être », et l'on peut ajouter une des causes du grand succès du Collège Chaptal.

XII

Résultats généraux du système d'études.

Aussi bien, il y a lieu vraiment de se demander ici ce qu'il pourrait gagner à la transformation dont il s'agit. L'enseignement secondaire, loin d'être pour lui une Terre promise, est un écueil qu'il doit éviter.

En conservant, suivant le mot de son directeur, en 1865, « son individualité propre, la liberté de ses programmes et son autonomie municipale », Chaptal d'abord, nous avons pu nous en convaincre, a souvent pris l'initiative des plus heureux progrès, progrès qui en ont fait un établissement de premier ordre, connu à l'étranger comme en France, qui ont rendu ainsi à l'Université, elle-même, de grands et incontestables services.

Ce n'est pas tout. Laissons de côté, si vous le voulez bien, les dénominations usitées d'enseignement primaire ou secondaire. Il résulte des examens des programmes du Collège, que l'enseignement y comprend trois grands cycles avec les divisions élémentaires (élémentaire et préparatoire), moyennes (quatre années), supérieures (cinquième et sixième année); le premier correspond à peu près à l'enseignement primaire augmenté de quelques cours (langues vivantes) et allégé de certaines parties de son programme, pouvant convenir uniquement à des enfants qui ne poursuivent pas leurs études; les deux autres comportent tous deux l'enseignement littéraire général qu'il importe de donner à tout enfant, à tout enfant surtout destiné à occuper dans la société un certain rang ; ils diffèrent seulement, en somme, au point de vue scientifique, le deuxième, prenant alors un caractère surtout pratique (enseignement primaire supérieur à peu de chose près), partiellement théorique pourtant, en raison de la préparation aux divisions supérieures, le troisième, enfin, se subdivisant nettement en deux sections, toutes deux professionnelles à leur manière, l'une, tout à fait commerciale et industrielle, l'autre, menant d'abord au baccalauréat, puis aux écoles du gouvernement.

Les résultats de cette organisation, on les prévoit, du reste : d'une part, à supposer que quelque impérieux motif force l'enfant à quitter ses études plus tôt qu'on ne le pensait tout d'abord, il en emporte un ensemble de connaissances pratiques qu'il peut immédiatement mettre à profit dans la vie ; de l'autre, nos programmes nous permettent de diriger nos élèves, au moment opportun de leur vie scolaire, soit directement vers le commerce et l'industrie, soit, s'il y a lieu, vers les grandes écoles, par des études plus élevées. Au lieu de façonner les jeunes intelligences dans le moule unique qui prévaut beaucoup trop encore aujourd'hui, le Collège Chaptal, fidèle à ses origines, à ses traditions libérales, réalise pleinement les conditions du véritable enseignement intégral, appropriant son enseignement à l'intelligence et en quelque sorte au goût de ses élèves.

Qu'arrive-t-il trop souvent ailleurs, en effet ? On ne tient compte forcément, en raison des programmes d'études, que de l'un des deux facteurs qu'il convient de consulter pour l'avenir des enfants : le désir des familles, peu conforme souvent aux données de l'autre : le goût et les aptitudes de l'enfant. L'enfant risque alors d'être lancé dans une voie où il ne peut manquer de se perdre et d'augmenter dans la société le nombre des déclassés. Le Collège Chaptal, au contraire, peut se glorifier hautement de ces deux résultats : d'un côté, l'infime minorité de ses élèves pouvant être comptés parmi les « fruits secs » de la vie ; de l'autre, l'immense majorité de ses élèves entrés avec honneur soit dans les écoles spéciales, soit dans le commerce et l'industrie.

XIII

Destination des élèves.

Evidemment il ne nous appartient pas de désigner ceux qui ont pu se distinguer dans les différentes branches de l'activité humaine. L'annuaire de l'Association (placé à l'Exposition universelle), qui malheureusement, d'ailleurs, ne compte qu'une trop petite partie d'entre eux, peut, seul, commettre pareille indiscrétion. Aussi bien M. Villard ne disait-il pas fort justement en 1886 : « Ce que je tiens à ajouter, c'est qu'à chaque pas que j'ai fait dans la prospérité de notre grande ville, dans la notoriété industrielle et commerciale de notre pays, j'ai trouvé au premier rang d'anciens élèves de Chaptal..... Le titre d'ancien élève de Chaptal, dit-il encore, devient un honneur. » Quant à nous, nous ne pouvons qu'indiquer, du moins pour ces dernières années, d'une part, la destination de nos élèves, en général sortis de nos quatre premières années d'études ; de l'autre, les succès remportés aux examens et aux écoles du gouvernement par le Collège.

A. DESTINATION DES ÉLÈVES DE 1879 A 1888.

Commerce de gros	194
— de détail	293
Industries diverses	198
Agriculture	86
Établissements de crédit	[illegible]

Assurances	55
Chemins de fer	62
Administrations publiques	106
— privées	308
Eaux et forêts	5
Arts décoratifs	45
Dessin industriel	75
Architecture	65
Ponts et chaussées	34
Armée et marine	52
Produits chimiques	45
Volontariat	130
Entrés dans d'autres établissements scolaires	83
Partis à l'étranger pour se perfectionner dans l'étude des langues	103
Divers	844
Total	2073

N'y a-t-il pas là en vérité de quoi justifier le jugement que nous portions tout à l'heure sur les résultats de notre enseignement? Ce jugement même, M. Frédéric Passy, constatant la destination des élèves sortis en 1884, le confirmait : « C'est là, disait-il, une marque de la variété des aptitudes développées par l'éducation de Chaptal qui, au lieu de couler tous les esprits dans le même moule, vise à offrir à chacun, avec ses éléments de culture générale dont tous ont besoin, les facilités de culture particulière et de développement personnel qui lui sont propres. C'est comme une armée qui, avec une discipline commune, a ses corps divers prêts à répondre à toutes les exigences. »

Quant aux succès d'examens et de concours, on les connaît du reste, et le tableau suivant, déposé comme le précédent à l'Exposition, ne fait que consolider encore la vieille réputation du Collège.

B. RÉSULTATS SCOLAIRES DE 1870 A 1888.

École polytechnique	54
— normale supérieure	2
— centrale	117
— de Saint-Cyr	2
— navale	2
— des mines	3
— des ponts et chaussées	1
Institut agronomique	5
École de physique et de chimie	33
— des arts et métiers	1
— d'agriculture	7
— normale d'instituteurs	4
Baccalauréat ès sciences	396
— de l'enseignement spécial	23

Ce tableau, pourtant, ne suffit pas encore à bien faire comprendre la haute valeur de ces divisions supérieures, dont l'organisation fait le plus grand honneur à ceux qui ont précédemment dirigé les études du Collège. On ne sait pas assez que le Collège Chaptal a, peut-être plus souvent qu'aucun autre établissement d'instruction publique, obtenu le premier rang aux examens d'entrée des grandes écoles : depuis l'année 1872 seulement, les élèves du Collège ont obtenu la première place trois fois à l'École normale supérieure, quatre fois à l'École polytechnique, cinq fois à l'École centrale. On ne sait pas assez non plus qu'en raison même de la sélection faite par le directeur du Collège à l'entrée des classes de cinquième et de sixième année, le nombre des élèves qui n'ont pas obtenu, au sortir même du Collège, une situation satisfaisante est absolument insignifiant.

Au dernier point de vue, il nous a paru intéressant de résumer ici un rapport du préfet général des Études, d'une part sur tous les résultats de notre cours supérieur (6e année, 1re section), pendant une période de six années, de 1881 à 1887, de l'autre sur la situation de ceux des élèves qui en ont suivi les cours pendant cette période.

1° La somme des effectifs des six années étant égale à 142 et le nombre total des élèves ayant suivi le cours pendant ces six années étant égal à 81, il en résulte qu'un élève séjourne dans ce cours moins de deux années. Or, il a été constaté dans ces dernières années qu'un élève admis à l'École polytechnique passait en moyenne trois années dans le cours de mathématiques spéciales. Encore faut-il remarquer que le cours de mathématiques spéciales au Collège Chaptal répond pour la première année au cours de mathématiques élémentaires des lycées préparatoires à Centrale. — Conclusion : Nos élèves mettent un an de moins que ceux des lycées pour arriver à l'École polytechnique. A un autre point de vue, observons que la moyenne des candidats admis chaque année à l'École polytechnique est d'un septième environ, par rapport au nombre total de candidats qui se présentent (200 admis sur 1400 au minimum qui se présentent). Or la moyenne de notre effectif étant égale à $\frac{142}{6} = 23$ environ de celle des élèves reçus chaque année à l'École $\frac{42}{6} = 7$, on voit que la proportion de nos élèves reçus est égale à $\frac{7}{23} = \frac{1}{3}$ environ, soit le double de la moyenne générale. Encore ne comptons-nous pas dix autres élèves reçus dans d'autres écoles.

2° Sur les 81 élèves qui ont suivi le cours de 1881 à 1887 (6 années), il convenait de défalquer treize élèves à ce moment présents au Collège, trois ayant dû quitter les cours au milieu de l'année pour raison de santé (l'un d'eux élève hors ligne), quatre les ayant quittés pour entrer aux beaux-arts, à la préfecture et dans des lycées, deux décédés avant la fin de l'année, deux autres enfin dont la destination est inconnue, au total 24. Il existait donc 57 élèves sur lesquels 54 ont pleinement réussi dans leurs examens : ils sont ainsi répartis : 42 ont été reçus à l'École polytechnique, et, parmi eux, deux reçus en même temps à l'École normale supérieure ; 1 reçu à l'École normale supérieure (reçu le premier) ; 5 à l'École centrale, dans les premiers rangs ; 2 à l'École de Saint-Cyr ; 1 à l'École des mines (le deuxième); 1 à la licence ès sciences mathématiques et à la licence ès sciences physiques; 2 à la licence ès sciences mathématiques. Ainsi, trois élèves seulement n'ont pas réussi dans leurs examens, l'un d'eux est précepteur dans une famille, un autre est entré à la Compagnie de P.-L.-M., où il occupe un excellent emploi, le troisième s'était opiniâtré à suivre les cours de mathématiques spéciales, malgré les avis répétés donnés à sa famille.

XIV

Organisation du personnel enseignant.

Ces résultats, ai-je besoin de le dire, ne proviennent pas uniquement de l'excellence des programmes. Il convient d'en rapporter une large part à la parfaite organisation du personnel de l'enseignement.

Je ne parle pas ici, bien entendu, de la personne même des maîtres, dont on s'est plu justement à louer à maintes reprises le dévouement et le labeur. M. Songeon faisait même à leur sujet, en 1879, cette remarque qui ne ressemblait en rien à un banal compliment d'usage : « Ce sont vos professeurs qui donnent toute sa valeur à cette heureuse méthode, à cette organisation de vos études, originale et unique, qui tout dernièrement a frappé l'attention du ministre de l'instruction publique et reçu sa haute approbation. » Mais ici il n'est pas et ne peut être question que de l'organisation même, très particulière, en effet, du corps enseignant du Collège Chaptal.

Ce personnel enseignant se divise en professeurs généraux et en professeurs spéciaux.

« L'institution des *professeurs généraux* date de l'origine du Collège Chaptal, dit M. Gréard. Le nom en détermine le caractère. Le professeur général a, comme tous les professeurs de l'établissement, sa part dans l'enseignement (français et mathématiques jusqu'à la quatrième année y comprise), mais en même temps, il est chargé, et c'est plus particulièrement son rôle : 1° d'assister aux cours faits par les professeurs spéciaux d'une division ; 2° de dresser le classement hebdomadaire des élèves de cette division, d'après les notes qu'ils ont obtenues dans les diverses matières de l'enseignement, travail minutieux et considérable, car chaque devoir donne lieu, pour chaque enfant, à une note. Le professeur général suit aussi l'élève dans tous les exercices. » C'est, suivant le mot, souvent répété mais très exact de M. Monjean, le préceptorat appliqué à l'enseignement collectif. « C'est, a-t-il dit encore, un véritable éducateur qui a sur l'esprit, le caractère, l'ensemble des facultés intellectuelles et morales de l'enfant, une action continue et du plus heureux effet. » C'est enfin, pourrions-nous ajouter, un représentant du directeur, placé dans chaque division du Collège, véritable directeur lui-même en quelque sorte, toujours à même de la conduire comme il convient dans l'ensemble et en même temps de donner à l'administration sur le caractère et la conduite, l'intelligence, les aptitudes et le travail de chacun de ses élèves, les renseignements les plus précis et les plus complets.

Il n'est personne, il n'est surtout aucun membre du Conseil d'administration du Collège qui, ayant vu le fonctionnement de cette institution, n'en ait été vivement frappé.

« En général, disait M. le conseiller Rigaut en 1870, le système universitaire laisse à désirer sous le rapport de l'éducation proprement dite, et c'est là précisément ce qui cause l'un des plus vifs regrets des amis de l'enseignement. M. Monjean, à qui une semblable lacune n'a pas échappé, a eu recours, non à un procédé, mais à une véritable institution, unique en son genre, et dont les résultats ne se sont pas fait attendre. Je veux parler de ce que nous appelons ici les professeurs généraux. » La même année, M. Songeon ne disait-il pas précisément : « L'une des créations pédagogiques qui ont le plus contribué à ces résultats, c'est l'institution des professeurs généraux dont l'action disciplinaire et la direction morale s'exercent d'une façon permanente sur un groupe déterminé d'élèves. En sorte qu'à côté de l'enseignement se développe tout un système d'éducation morale et intellectuelle qui constitue l'un des côtés les plus originaux et les plus intéressants de notre plus grand établissement municipal. »

« Le vrai problème de l'éducation publique, a dit Bersot, est de trouver un moyen terme entre la discipline du régiment et les mollesses, les gâteries, de la famille; car la discipline n'est pas faite pour des enfants, et les mollesses de la famille ne font pas des hommes... Il faut, pour ces âmes incertaines et pliables en tous sens, une main à la fois ferme et flexible, une direction qui, attentive aux personnes et à leurs diversités originelles, aille toucher sûrement dans chacune le ressort que la nature y a mis. » Or, ne semble-t-il pas que l'institution des professeurs généraux ait réalisé, autant qu'il est possible, cet admirable programme éducatif? Elle permet ainsi de réunir les avantages d'un grand établissement d'instruction publique à ceux d'une maison d'éducation privée.

Aussi bien, à l'étranger, on ne s'est pas fait faute d'emprunter au Collège Chaptal quelques parties de cette organisation, qui a été, sans aucun doute, une des causes de son succès. Le Collège a bien pu emprunter naguère à l'Allemagne quelques-uns des caractères de son enseignement. « L'Allemagne, en retour, dit M. Gréard, lui doit l'institution des professeurs généraux, qui ont été introduits, en 1860, dans les écoles réales de la Bavière et du Wurtemberg, ainsi que dans quelques écoles de Prusse », et M. Monjean nous apprend lui-même que les avantages de cette institution l'ont fait adopter, en effet, à cette époque, par M. Wiese, ministre de l'instruction publique à Berlin, qui en avait alors conféré avec lui. Qui sait si quelque jour la France, reprenant encore une fois son bien à l'étranger, ne songera pas à établir dans toutes les écoles, peut-être même dans les lycées, cette institution toute française,qui a donné ici même et en dehors les meilleurs résultats ?

Les professeurs généraux, avons-nous dit, enseignent surtout, du moins dans les classes correspondant à l'enseignement primaire supérieur, le français et les mathématiques ; dans les classes élémentaires, leur enseignement s'étend, comme il est naturel, à toutes les facultés ; dans les divisions supérieures, au contraire, il se restreint. Suivant les divisions qu'ils dirigent, ils sortent de l'enseignement primaire ou secondaire. Quelques-uns comptent plus de trente ans de service, maintenant les traditions, aidant de leur vieille expérience de plus jeunes maîtres ayant succédé aux maîtres retraités en ces dernières années. L'enseignement qui leur est confié est, en somme, tout à la fois théorique et pratique. Il n'en est aucun qui ne puisse se mettre rapidement au courant de ses doubles fonctions d'instituteur et d'éducateur.

Quant aux *professeurs spéciaux*, chargés des cours que ne font pas les professeurs généraux, ils se recrutent un peu partout : dans l'Université, au Muséum, à l'École centrale, etc., et cela fort heureusement, d'une part, en raison de la spécialisation nécessairement imposée à tout enseignement ayant, à certains égards, un caractère professionnel ; de l'autre, à cause de la partie de nos études touchant à l'enseignement secondaire. Quelle que soit, d'ailleurs, leur origine, on paraît avoir compris, dès le début, que l'enseignement, soit scientifique, soit littéraire du Collège, ne pouvait, ne devait être confié qu'à des professeurs d'un mérite éprouvé, capables d'en comprendre le caractère spécial et la véritable portée.

Rappelons d'abord, en ce qui concerne l'enseignement scientifique, les paroles du comte de Rambuteau, préfet de la Seine, en 1845 : « Des professeurs d'un mérite supérieur, qui ont déjà acquis un nom dans la science, ont bien voulu, disait-il aux élèves, se charger des diverses parties de votre enseignement.» Il est évident, en effet, que l'enseignement, devant être donné, d'une part, en vue de destinations particulières, en vue du commerce et de l'industrie avec leurs différentes branches ; de l'autre, en vue des examens des grandes écoles scientifiques, ne pouvait être remis aux mains de maîtres pourvus seulement d'une instruction générale solide. Il n'est aucun professeur de sciences qui ne doive se tenir toujours au courant des découvertes nouvelles de la science qu'il est chargé d'enseigner. Qu'il soit muni de diplômes universitaires portant seulement témoignage de fortes études, cela ne suffit pas. Il importe surtout que, par ses travaux antérieurs ou ses précédents succès professionnels, il ait acquis déjà une réelle notoriété scientifique, sorte de garantie pour l'avenir de ses cours.

C'est donc dans cet esprit, sans aucun doute, que les administrateurs du Collège ont fait choix, toujours avec l'agrément de qui de droit, de professeurs d'élite, dont plusieurs occupaient, au moment de leur nomination, ou occupèrent, plus tard, soit dans le professorat, soit dans la science, une haute situation. Il nous suffira, laissant de côté naturellement les noms des professeurs en fonctions, de citer ceux de MM. Amiot, de Comberousse ; des docteurs Decaisne, Vulpian, Duméril ; de MM. Mascart et Dehérain, membres de l'Institut, ce dernier ancien élève du Collège ; de MM. Violle, Bouty, de la Sorbonne ; Angot, du Collège de France ; de MM. Gariel et Potier, anciens élèves du Collège également, professeurs, l'un à l'École de médecine, l'autre, à l'École polytechnique ; puis, dans un autre ordre d'idées, ceux de Levasseur, d'Alfred Blanche, de Joseph Garnier, de Baudrillart, etc. On ne peut s'étonner vraiment, avec de tels maîtres, des grands succès universitaires, industriels et commerciaux des anciens élèves du Collège Chaptal.

Quant à l'*enseignement littéraire*, il fallait lui donner, nous l'avons dit, une importance plus grande que celle qu'on est en général tenté de lui accorder dans les établissements en partie consacrés aux études dites professionnelles. Or, la difficulté de cet enseignement, basé toujours dans les lycées sur de fortes études classiques, devait grandir ici en l'absence de ces études qui ailleurs lui viennent singulièrement en aide. Cette situation a été comprise à merveille par l'administration du Collège, qui s'est adressée, pour lui donner sa véritable portée, à ceux des professeurs de l'Université pouvant compter parmi les meilleurs. Il ne s'agissait pas, en effet, d'apprendre simplement aux élèves quelques grands faits historiques ou littéraires, de leur mettre seulement sous les yeux les principales œuvres de la littérature, de les amener uniquement à écrire correctement leur langue : un maître quelconque, muni du premier diplôme littéraire venu, eût alors suffi à la tâche. Il fallait surtout que nos élèves, dans des conditions moins favorables que ceux des lycées, pussent tirer pour leur éducation le même profit qu'eux de l'enseignement des lettres ; il fallait qu'on les mît en état de recevoir cette culture littéraire, qui est pour l'esprit, pour l'être moral, pourrions-nous dire, une discipline inappréciable. Il fallait démontrer que ceux-là pourraient bien avoir tort qui, suivant l'expression de M. Longuet, « revendiquent pour la Grèce et la Rome antiques, pour leur langue et pour leurs œuvres souverainement belles, éternellement jeunes, de leur poésie et de leur littérature, le droit exclusif de fournir à l'esprit moderne, transformé par les recherches de l'histoire, par les découvertes de la science et les conclusions de la philosophie, la culture à la fois la plus profonde et la plus élevée ». — Dans ce but, on ne pouvait, pour cet enseignement littéraire, s'adresser trop haut.

« J'appelais votre attention, l'année dernière, disait en 1864 le directeur du Collège, sur l'importance de nos cours de littérature et d'histoire..., les progrès que vous avez réalisés nous ont prouvé que notre pensée a été comprise et que vous avez pris une revanche digne de vous et de ces nobles études. Quant à nous, nous vous y avons aidés de tout notre pouvoir, nos programmes ont reçu un plus large développement; et, pour remplir dignement notre cadre agrandi, à nos maîtres déjà éprouvés par de longues années de dévouement et de succès sont venus s'adjoindre d'autres collaborateurs, je veux dire de nouveaux amis. Avec quel cordial empressement ces dignes représentants de notre Université de France ont répondu à notre appel, moi seul puis le savoir; mais ce que vous savez déjà, c'est le talent supérieur mis au service de vos études, c'est la constante sollicitude témoignée pour chacun de vos efforts. » C'est donc de l'année 1864 que date l'introduction pour ainsi dire régulière des professeurs de l'Université dans l'enseignement du Collège Chaptal.

Loin de moi la pensée de faire entre les études presque exclusivement littéraires des lycées et notre enseignement des lettres aucune comparaison. Il n'en est pas moins vrai que les résultats littéraires des examens, ceux notamment de l'École polytechnique, prouvent suffisamment que nombre de nos élèves peuvent soutenir sans défaillance aucune la lutte contre leurs camarades des lycées sur leur propre terrain. Ne peut-on pas dire fort justement d'ailleurs que cet enseignement même n'a pas été sans exercer une heureuse influence sur la fortune de ceux d'entre eux qui ont su marquer leur place au premier rang dans les différentes branches de l'industrie, du commerce et dans l'administration.

XV

Jugements portés sur le Collège.

En terminant cette monographie du Collège, uniquement établie comme il convenait, sur les discours et les rapports de fin d'année, qu'il me soit permis de reproduire ici quelques-uns des jugements portés sur les services qu'il a rendus par quelques hommes éminents qui ont pu en apprécier l'importance.

Il nous est agréable de pouvoir citer en premier lieu quelques lignes d'un rapport présenté à la Chambre des Communes, par M. Samuelson, député au Parlement, pour la grande cité de Birmingham, rapport qui résultait d'une enquête ordonnée par le Parlement sur la situation de l'enseignement professionnel en Europe : « Je n'ai jamais assisté à aucune leçon avec plus de plaisir qu'à certains cours faits dans ce grand Collège Chaptal, sur différents sujets de science et de littérature, et je n'éprouve aucune hésitation à déclarer que ces jeunes gens suivent ces cours de la manière la plus profitable pour les intéresser. Des professeurs, du plus haut mérite, sont attachés à ce Collège, et il en est dont les noms comptent parmi les plus éminents qu'il y ait en France... Plusieurs classes d'arithmétique, dans les divisions inférieures (ceci regarde le petit Collège), ont été, pour nous, l'objet d'un examen sérieux, et nous avons constaté que l'attention des élèves était plus éveillée, et le contrôle exercé sur leur travail plus immédiat que dans aucun autre établissement; ceux qui ont été interrogés ont répondu avec succès, non seulement sur les dernières leçons, mais aussi sur celles qui remontaient à plusieurs mois... Notre conviction est que le Collège Chaptal, par la composition de ses programmes et par la distinction avec laquelle ce programme est mis en œuvre, atteint, avec une supériorité incontestable, le but que s'est proposé la ville de Paris, de fonder une grande école d'enseignement basée sur la culture des sciences et des lettres. Les succès obtenus par les élèves des classes supérieures dans les examens pour les grandes écoles, le prouvent surabondamment ; et il est de toute évidence que les jeunes gens qui ont achevé leur quatrième année d'études ont acquis un ensemble de connaissances scientifiques et littéraires qui leur permettent d'entrer avec avantage dans toutes les carrières du commerce et de l'industrie. »

Les fréquentes visites de professeurs venus de l'étranger en vue d'étudier les programmes et le fonctionnement du Collège sont d'ailleurs pour attester le bon renom du Collège Chaptal, même ailleurs qu'en France. Ne semblent-elles pas aussi la ratification de l'éloge adressé, en 1887, au Collège, par M. Longuet, éloge d'autant plus précieux que M. Longuet connaît l'étranger aussi bien et mieux que personne en France...? « Dans ce cas, du moins, disait-il, Paris et la France auraient mauvaise grâce à se montrer jaloux de l'étranger. Le Collège Chaptal peut soutenir sans crainte... que dis-je ? peut soutenir fièrement la comparaison avec les « Realschulen » de l'Allemagne et les « Commercial Schools » de l'Angleterre. »

Aussi bien, de précieux témoignages d'estime ont été donnés à notre vieux Collège, surtout peut-être en ces dernières années où la question d'éducation a pris une importance qu'on ne lui accordait pas autrefois.

M. Frédéric Passy, appréciant le caractère général de notre enseignement, s'exprimait ainsi en 1886. « Le Collège Chaptal est, je ne crains pas de le dire, de tous nos établissements d'instruction le mieux approprié à ce besoin de connaissances variées, pratiques sans vulgarité, et spéciales sans étroitesse, qui, de plus en plus, s'impose à la majorité des situations. »

Cette année même, M. Villard, se plaçant plus étroitement au point de vue parisien, disait encore : « Tout en rentrant légalement dans le cadre de l'enseignement primaire, Chaptal constitue un type tout à fait spécial et particulièrement approprié aux besoins de la population parisienne. » Deux ans après d'ailleurs, M. Villard, reprenant de nouveau la question, ne craignait pas d'ajouter : « Pour moi, le Collège Chaptal est et restera le type de l'enseignement moderne, et ceux qui voudraient envisager les résultats obtenus, véritable critérium des jugements à porter, le reconnaîtront avec moi. »

L'an dernier même, le président actuel du Conseil d'administration, M. Gaufrès, parlait ainsi des grands services rendus par le Collège : « Dans un pays où l'éducation purement classique, loin de manquer, excède peut-être à certains égards la mesure des besoins, que le Collège Chaptal continue à ajouter à la force de production, que versant chaque année dans la société son beau contingent d'industriels, d'ingénieurs, de commerçants, d'employés de tout ordre, familiarisés avec les procédés de la science moderne et les applications pratiques, il nous aide, pour sa bonne part, à soutenir la concurrence de nos puissants voisins d'outre-Rhin, d'outre-Manche, d'outre-Atlantique ; ce service qu'il nous rend n'est pas seulement scolaire, mais national, et d'une importance qui ne peut être exagérée. »

« Par la nature de son enseignement si moderne et si vivant, avait même dit M. Rigaut en 1880, par ses méthodes rationnelles et sûres, Chaptal s'est de lui-même placé au premier rang parmi les collèges de France. »

A ces marques d'estime données par des hommes de haute valeur qui ont pu étudier de près la marche de nos études et l'application de nos programmes, qu'il nous soit permis de joindre encore quelques lignes du directeur de l'enseignement primaire à M. le ministre de l'instruction publique, M. Buisson, qui, dans une lettre adressée au *XIXe Siècle*, le 30 octobre 1882, donnait du Collège la définition suivante : « Le Collège Chaptal est à la fois une école primaire supérieure, un collège d'enseignement spécial, et même un établissement d'enseignement secondaire complet pour certaines parties du programme scientifique, institut unique en France, on pourrait dire en Europe, par son origine, par son organisation et par tous ses caractères. » Et il ajoute : « Vous ne savez peut-être pas de quelle immense popularité jouit le Collège Chaptal... L'ambition suprême et toute naturelle du père de famille dont le fils a réussi au concours des bourses de l'État, est de le faire entrer au Collège Chaptal.»

On ne peut donc s'étonner de l'impression produite sur le ministre de l'instruction publique par la visite qu'il fit il y a quelques années, à l'époque de la revision des programmes de l'enseignement secondaire spécial. Cette impression, il la résumait ainsi du haut de la tribune législative : « En une heure passée au Collège Chaptal, j'ai plus appris que dans tout le cours de ma vie. »

XVI

Conclusion.

Est-ce à dire que l'œuvre soit achevée, que le Collège ait atteint dès maintenant la perfection de ses programmes et des méthodes d'enseignement qu'il convient de mettre en œuvre? Non, certes. Aussi bien l'immobilité ne serait-elle pas en même temps qu'une grave erreur, une sorte de trahison? Ne paraîtrions-nous pas faillir à l'une des vieilles traditions du Collège, à l'une de celles qui ont le mieux assuré son succès dans le passé, à la marche en avant vers le progrès par de constantes améliorations sérieusement étudiées et bien appliquées.

En 1834, M. Goubaux disait : « Si nous ne sommes plus à ces heures de début où l'on hasarde avec crainte des pas chancelants, nous en sommes encore à cet âge pleinement éducable où... l'amélioration de soi-même, le progrès vers le mieux doit encore être la pensée de chaque jour. » C'est encore là, c'est toujours le principe qui doit guider notre conduite.

Certes, nos études, consolidées par près de cinquante ans d'expérience, ne doivent plus admettre, n'admettent plus le nouveau qu'avec une certaine résistance; nous devons nous garder de toute fiévreuse impatience, plus calmes, plus assis, sans avoir renoncé à la gloire d'innover, nous devons suffire surtout au besoin d'améliorer. Nous n'en sommes pas moins convaincus que chaque année doit apporter en quelque sorte son contingent au perfectionnement de l'œuvre, basée sans doute sur la culture générale des esprits, mais aussi sur un enseignement conforme aux nécessités du temps.

A ces conditions, Chaptal faisant honneur à la ville de Paris, restera ce qu'il a toujours été, ce qu'il n'a pas cessé d'être, ce que doit être tout grand établissement d'instruction publique : une force pour le pays.

LE DIRECTEUR,

E.-C. COUTANT.

Mai 1889.

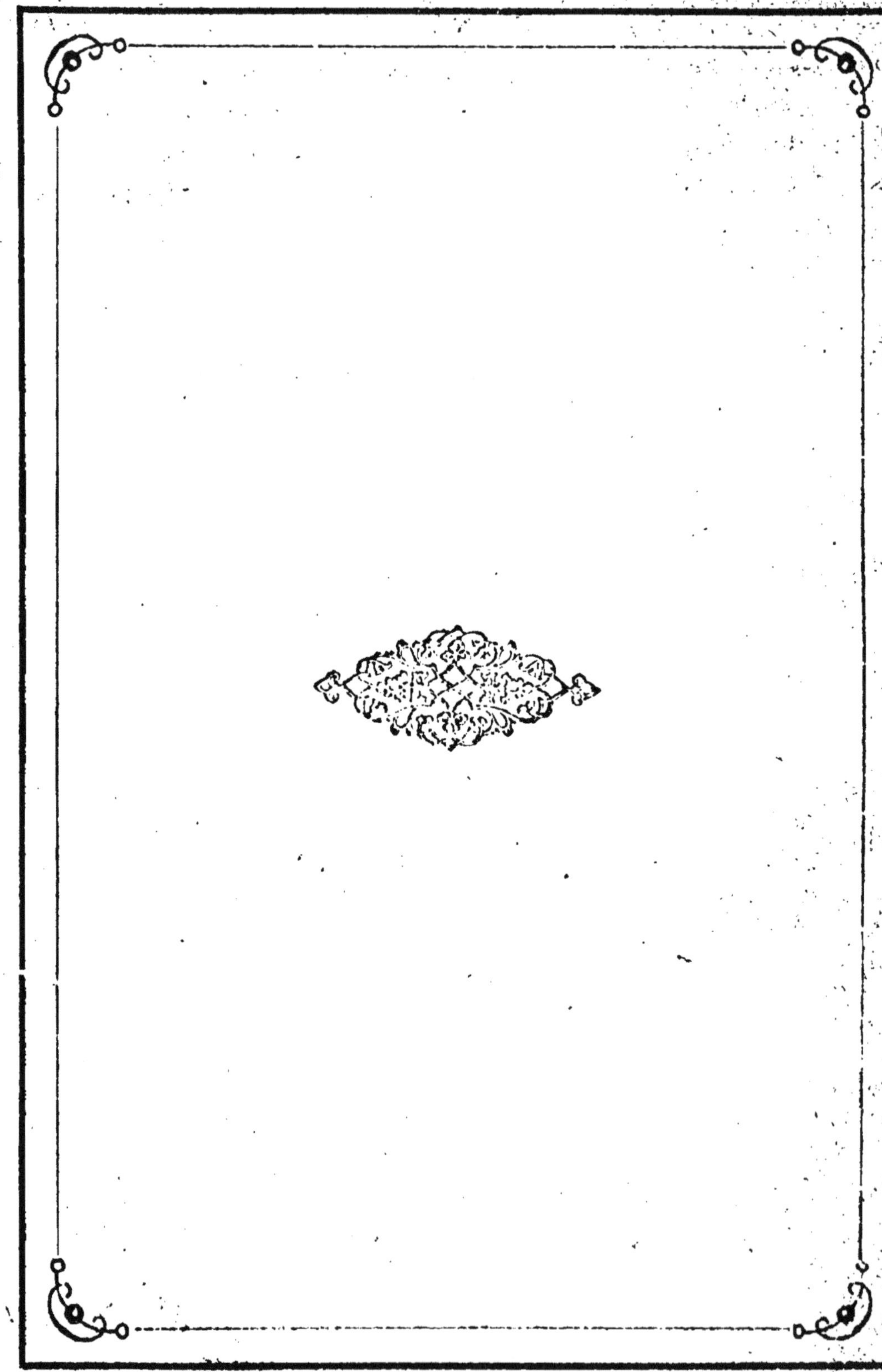

www.ingramcontent.com/pod-product-compliance
Ingram Content Group UK Ltd.
Pitfield, Milton Keynes, MK11 3LW, UK
UKHW021600260726
13993UKWH00002B/961